The Unique World

方
寸

方寸之间　别有天地

〔日〕奥野克巳 —— 著

为什么要读人类学

これからの時代を
生き抜くための
文化人類学入門

暴凤明 —— 译

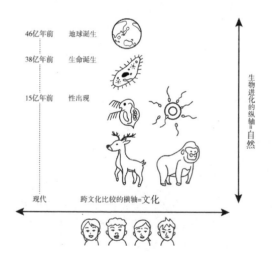

46亿年前　地球诞生

38亿年前　生命诞生

15亿年前　性出现

生物进化的纵轴＝自然

现代　　　跨文化比较的横轴＝文化

社会科学文献出版社
SOCIAL SCIENCES ACADEMIC PRESS (CHINA)

前　言

　　文化人类学走进大学课堂，已经有四分之一个世纪的历史了。文化人类学在高中阶段往往还不是一个科目，在大学阶段才开始教授。这门课一般都是选修课程，不是每个人都选。即使在大学，选修这门课的人也不多。通常情况下，它会被列为通识课程，而且似乎都是在大型阶梯教室里授课。

　　一般来说，当人们出国旅行或工作时，他们会开始关心目的地和当地的居民。如果只是和日本伙伴一起旅行或在当地的日本人社区里消磨时光，可能会忽略窗外的土地和人，但当你独自旅行或因某些机缘得以目睹当地人的行为方式或接触当地人时，你就会渐渐对这片土地和人产生兴趣。在这种情况下，当你开始探索关于文化和民族的研究时，通常会遇到一门被称为"文化人类学"的庄严学科。

　　当你决定阅读关于文化人类学的书籍时，你可能会很轻松地随手抓起一本。然而，你也许会发现，关于你想了解的该民族的文化传统、独特的语言或习惯等内容，书上只是寥寥数笔带过，取而代之的是探讨后殖民主义如何如何，强调必须思考人与自然的关系如何如何，以及强调必须从功能和文化的层面进行考察等冗长乏味的内容。这些理论性的文字让你不知所措，最终放弃阅读。

如此一来，文化人类学的学习之路可能会一直封闭。但是，反过来想，其实文化人类学并不仅仅是介绍某些地方的人们如何生活和思考的学问。

换言之，无论是哪个学科，都可以这样讲——任何学问都需要一定程度的系统学习，以了解它的诞生过程、历史发展、研究方法、研究课题等信息。否则，只从中抽取片段，是难以全面理解这一学科的。

基于这些事实，结合我之前教授的课程和田野工作的经历，我写了这本书来介绍文化人类学。

从上述陈述中，或许读者已经有一些了解，文化人类学，从字面上来讲就是研究不同（异）文化和人类的学问。地球上有各种各样的人类社会，文化人类学学者不仅仅记录和分析当地居民的生活和思考方式，还常常立足于外部角度审视、思考我们正在做的事情，以及我们将要做的事情意味着什么。

目前，日本国政选举的投票率不断下降。这意味着民意无法被充分反映，因此每次选举都会举行"让我们一起去投票"的宣传活动。这种做法也许是正确的。然而，地球上有这样一些社会，在那里主动分享自己所得的人将受到尊重，并成为领袖，人们会倾听那些没有任何财富、生活最为贫困的人说的话。和这些社会对比来看，我们所进行的选举和政治活动究竟有什么意义，也许值得文化人类学家们重新思考。

或者，我们还可以这样讲。最近，我们经常听到"可持续发展目标"（SDGs）这个词。"可持续"意味着我们不会动摇资本主义——我们生活的基础，且要继续维护它。那么，这是否意味着存在矛盾的体制和制度会被保留并不变呢？我们是否应该追溯我们正在做的事情的根本，而不仅仅喊着口号呢？这正是文化人类学家们思考的内容。

文化人类学家们亲身体验和研究着地球上各种各样的人在自己土地上的生活方式，不仅限于调查和描述分析，还深入探讨了很多其他方面的问题。这对于长期生活在海外某地，同时又可以重新审视他们已然熟悉的当地生活方式的文化人类学家而言，是很自然的。文化人类学已经发展成一门在某种程度上可以称为"刁钻"或"古怪"的学问。

这并不意味着反对一切事物。从时常在内心深处思考和设想不同于已有行为方式和思维方式的意义而言，文化人类学是一门内化了既定做法和想法的学科，这是其他学科难以找到的特征之一。不，也许应该说是文化人类学的特权。

本书并不是要告诉你，文化人类学可以用于"在未来时代活下去"，而是要让你仔细思考"在未来时代活下去"这个口号本身是否真的有意义。这正是"刁钻"的文化人类学的根本思维方式。因此，本书的目标也包括质疑那种认为只要读了这本书就能够"在未来时代活下去"的一厢情愿的想法。事实上，文化人类学在这方面充满了关于如何"在未来时代活下去"的线索和启发。

那么，让我们从学习文化人类学开始吧。

目 录

第一章

什么是文化人类学？

在地球存在的时间尺度内思考人类

大家知道文化人类学是一门什么样的学科吗?

想必有很多人都听说过这门学科。可能也有很多人会这样认为:"所谓文化人类学者,就是探险家或冒险家吧。"

文化人类学不像数学、生物学、物理学、日本史、世界史等科目,大家到高中为止一直学习,有些人是上大学之后才知道这门学科的,也有些人成年后依然没有机会接触。当然,也会有很多人默认文化人类学就是学习外国和异文化的学问。

在本书开始之前,首先,我会将我的专业——文化人类学这门学科做一个大致的介绍,让大家了解它究竟是一门怎样的学科。

在此,让我们以电影为例来说明。我想提到的是迈克尔·马德森导演的纪录片《走向永恒》(*Into Eternity*,2010),以及彼得·威尔导演、金·凯瑞主演的电影《楚门的世界》(*The Truman Show*,1998)。

《走向永恒》是一部关于核废料最终处理的电影。在日本，它于2011年东日本大地震后不久的4月公映，并迅速在全国电影院上映，引起热议。核废料的放射性需要经过10万年才能降至安全水平。本片讲述了在芬兰奥尔基洛托岛地下建设隔离高放射性废物10万年的"深地质处置"场所的过程。

　　这个设施在芬兰语中被称为"安克罗"（Onkalo），意为"洞窟"或"隐秘之地"。在电影中，导演马德森插入的多次旁白，面向的是现存人类早已不复存在的10万年后的未来居民。在这里，我们可以称这个时代的地球居民为"后人类"（post-human）。

　　将核废料埋到地下500米，并将设施深深地隐藏起来。在这一计划预设的惊人时间跨度里，现存的人类有可能发生战争，也有可能面临其他因素带来的巨变，例如地震等地壳运动。

　　随着时间的推移，冰河期最终会来临，正如之前提到的，10万年后人类可能已不复存在。届时，居住在地球上的"后人类"可能会出于好奇心开始挖掘"安克罗"，从而陷入危险。

　　我们并不知道这些"后人类"是谁。那么，我们现在的人类是否能够对如此遥远未来的地球居民承担某种责任呢？又或者，我们是否应该承担责任呢？

　　现在，让我们不再谈论10万年后的未来，而是想象一下10万年前的过去。关于10万年前的时代，有很多不同的说法。那时我们的祖先开始从非洲向外迁徙（小规模迁徙发生在12万年前，大规模迁徙发生在5~6万年前）。同一时期，欧洲居住着尼安德特人。这是比出现了绘画、雕塑等艺术作品，并诞生了宗教的大约5万年前的"文化大爆炸"还要古老的年代。

就像那个时代的地球居民无法预测现代人类的智慧和环境一样，我们也无法预测距今10万年后的"后人类"的认知能力和行为特征，甚至是他们的形态。

通过回顾过去和展望未来，电影《走向永恒》提醒我们，核废料的最终处理问题本质上是20万年前地球上诞生的现代人类为了创建能源供应稳定的社会，试图将无法自行处理的残渣（核废料）投放给10万年后的未来。

这部作品超越了是否支持或反对核能的问题，在更深的层面上重新引发了对人类和人的本质思考。这个问题涉及人类学（有文化人类学、社会人类学等各种名称，但本书统一使用"文化人类学"或"人类学"）的根本性问题，即"人类是什么，人是什么"。

"这个世界开始的时候，人类并不存在；这个世界结束的时候，人类也不会存在。"

本书介绍的文化人类学可以理解为一门研究人类的学科。

人类在地球尺度的时间跨度内不断变化，将来可能会消失，或者演化成完全不同的形态。

那么，我们人类究竟从哪里来，又将走向何方？20世纪伟大的人类学家克洛德·列维－斯特劳斯（Claude Levi-Strauss）在他访问巴西土著之旅的总结性著作《忧郁的热带》（*Tristes Tropiques*）的最后一章中，表达了如下看法。

> 这个世界开始的时候，人类并不存在；这个世界结束的时候，人类也不会存在。
>
> ——克洛德·列维－斯特劳斯《忧郁的热带》

核废料存在于超越了人类时间跨度的地球时间尺度之中。换言之，它将在人类消亡后继续存在于这个地球上。创造了这种存在的我们必须在想象没有人类存在的世界的同时，考虑自身。

我认为文化人类学正是这样一门在将世界的开始和结束都纳入视野的基础上，考察人类存在的学科。

换言之，可以这样来定义文化人类学：这门学科考虑在地球的时间尺度内，记录和思考曾在这100年左右的地球变化中生存或将继续生存下去的各种各样的人类形态，以及具有不同文化的人类形态。

了解非此处而在他处的外部世界，同时也了解自己的学问

接下来，有了展示文化人类学的门径，让我们再以一部电影《楚门的世界》为例进行说明。

金·凯瑞扮演的主人公楚门在一个岛上出生并长大，由于患有恐水症，楚门从未离开过这个岛。楚门的恐水症源于他在一次海难事故中失去父亲的打击。成年后，楚门成为一名保险公司的推销员，过着虽然平凡，却拥有妻子和朋友的幸福生活。

有一天，楚门在街上与一位老人擦肩而过，他震惊地发现老人竟然是本已在海难中去世的父亲。很快，与楚门擦肩而过的父亲被人强行拉上一辆公交车带走了。紧接着，楚门周围又发生了一连串莫名其妙的事情。

之后，楚门被一名陌生的警察突然叫出了名字。于是，对于在这个岛上发生的事情，他逐渐开始感到不安和不信任。此处我剧透一下，实际上，从楚门出生那一刻开始，他的整个生活和日常都被摄影机记录下来，作为电视节目全球直播。这也就是说，楚门生活的岛上城镇实际上是一个巨大的摄影棚，他周围的人，包括家人，都是电视节目中的演员和临时演员。唯一不知情的只有一个人，那就是楚门自己。

不久后，楚门对这种怪异的状况感到厌倦，迫切渴望逃离

这座岛屿。患有恐水症的楚门鼓起勇气，独自驾船出海，但这片海洋和遥远的地平线背后的天空，也都是摄影布景。最终，他的船撞上了搭建出来的天空边界，也就是这个巨大布景的边缘。于是楚门终于意识到自己被困在一个虚构的现实中。

就像楚门经历的日常一样，我们毫不怀疑地在出生和成长的地方过着日常的生活。通常情况下，我们不会怀疑这一切，或者觉得它奇怪。

跳出我们熟悉的世界、进入未知的世界可能需要像楚门克服恐水症那样的勇气。然而，在全球化不断发展的今天，离开我们熟悉的社会，探索不同的世界，并不是一件难事。只要有足够的金钱和时间，再加上决心，这种探索绝非不能实现。

离开了出生和成长的熟悉之地，我们会重新审视那些曾经认为是理所当然的行为方式和思考方式。不仅如此，这还将成为探索人类文化与社会本质，甚至是思考人类和世界的起点。

在文化人类学的研究中，人们远离熟悉的生活，前往未知的土地，亲身体验陌生的行为方式和思考方式。文化人类学就是将这种经验作为思考自己、人类、文化和世界的基础的学科。换言之，文化人类学并非是针对已知事物的研究，而是走出熟悉领域，进入未知领域，在那里进行思考的知性活动。

对异文化的兴趣与旅行的时代：文化人类学是如何诞生的？

离开熟悉的家乡，前往遥远的地方并记录异文化，这种体验并不仅仅是文化人类学家所做的事情。正如前文所述，大约10万年前，人类的祖先从非洲出发，大迁徙分散到世界各地，这也是一种进入陌生世界的旅程。有史以来，离开熟悉的世界，前往陌生的异域，与当地人交流学习异文化的情况，在世界各地发生过无数次。

中国大约在2世纪下半叶迎来了来自西域的僧侣，他们传播了佛教，并将佛经译成汉语。随后，一些僧侣并不满足于数量有限的佛典，他们为了带回更多典籍而踏上了求法之旅，前往佛教发源地天竺（印度）。唐代的玄奘于629年启程前往印度，历时17年，最终带回了657部佛典以及佛像等宝贵物品。《西游记》中在孙悟空、猪八戒、沙僧等的陪伴下前往天竺的三藏法师正是以玄奘为原型的。

玄奘所著的地理书《大唐西域记》详细记录了他从中亚到印度各个国家的所见所闻。

比如，对于屈支国（库车）的描述是："宜穈麦，有粳稻，出蒲萄、石榴，多梨、奈、桃、杏。土产黄金、铜、铁、铅、锡。气序和，风俗质。"另外，对于飒秣建国（撒马尔罕）的描述是："异方宝货，多聚此国。土地沃壤，稼穑备植，林树蓊郁，花果滋茂。多出善马。机巧之技，特工诸国……"他以简洁的语言描述了这些地方的特点。

这种异文化体验记录的大量积累，是 15 世纪末以后的事情。虽然西方对不同文化和民族的兴趣自古以来就有，但直到 1492 年克里斯托弗·哥伦布"发现"美洲大陆，开启大航海时代，这种对异文化的兴趣才迅速变得高涨。

以哥伦布开辟的跨大西洋航线为基础，众多商人和探险家乘船跨越大海，踏上未知之地。记录了这些航行的航海日志、探险家游记以及传教士报告等文字传入欧洲社会。由此，人们对遥远陌生土地的风土人情与文化的兴趣显著增加。

这种对未知世界的兴趣也为学术研究带来了巨大的飞跃和发展。例如，大航海时代之后，博物学开始发展起来，据说博物学的发展正是源于富裕阶层从欧洲以外的地方收集前所未见的珍奇物品。当时的博物学是一个分工明确的体系，由负责收集海外珍奇植物、动物（包括昆虫）等生物标本的人，以及负责送标本回欧洲本国并进行研究的人组成。最初阶段的博物学还不太重视研究者亲自前往当地收集标本。

随着时间的推移，进入 19 世纪，开始出现自己前往海外采集标本的研究者。19 世纪 30 年代，查尔斯·达尔文曾搭乘"小猎犬号"参与了博物学调查远航，后来他提出了进化论。

对未知世界和文化的求知欲望，与西方国家扩张领土和扩大统治的一面相结合。进入 19 世纪以来，西方列强之间的领土争夺变得愈发激烈。这个阶段被称为殖民主义时代。

文化人类学这门学科也与殖民主义密切相关。当时，文化人类学家们从管理殖民地的行政官员那里获取了大量资料和数据。与此同时，文化人类学的研究成果也被用来加深对殖民地居民社会和文化的理解。另外，在达尔文进化论的传播及其影响下，文化和文明也被认为会"进化"，这一观念在当时的西方社会逐渐被接受。人们认为西方拥有最先进的文化，并由此形成了文明，其他文化和社会也会逐渐发展和进化。

这种观点被称为"文化进化论"，它将西方文化视为文化进化的巅峰，认为西方文明是文明的典范，而其他文化和社会还有待逐渐发展和进化。这种观点和看法被用来进一步合理化白人对黑人和有色人种的优越观念，即所谓的种族主义和殖民主义。也就是说，拥有先进文化与文明的西方人被视为具有教导和启蒙其他"劣等"文化与文明种族的使命，他们对殖民地的统治借此变得正当化。

田野调查与谱系调查法的发明

19世纪的文化人类学同样受到"文化进化论"的影响，核心目标是逐步揭示人类进化的历史。文化人类学将注意力转向了和西方社会相比，技术较为简单且没有文字的"无文字社会"。他们认为通过研究这种小规模社会，可以揭示更"先进"的复杂社会（在这种情况下是指他们自己的社会，即西方社会）形成的基本原理。

然而在当时，人类学的方法论尚未充分确立。19世纪的文化人类学家仍然使用探险家、商人、传教士、殖民地行政官员和旅行家们所写的记录与报告作为信息来源。

　　改变这一局面的是19世纪末由博物学研究者组成的科考队。当时，以自然科学研究者为中心组建了一支在澳大利亚和新几内亚之间的托雷斯海峡进行考察的科考队。这支科考队不仅对动植物进行了所谓博物学标本采集和自然科学调查，还首次采用了"谱系调查法"，将当地人的社会关系进行了谱系式记录，并转化为图表。

　　文化人类学等经常需要到野外进行调查研究的学科通常将前往调研的地方称为"田野"。在这次科考队的调研中，他们开创性地发明了这种被称为"谱系调查法"的方法，用于在田野中以可视化的方式记录人与人之间的关系。这些图表会具体记录亲子关系、兄弟姐妹关系，以及谁与谁结婚从而构成"家庭"单位等信息。更详细的解释将在后文继续介绍。

　　这次科考队的谱系调查法开辟了一种全新的视角，使研究者们能够用与以往不同的方式看待作为研究对象的当地社会，这是一项划时代的发明。在此之前，当地人只被视为某种样本，他们的名字和背景来历是未知的。在此之后，通过这种方法，他们作为拥有独特社会关系的存在得以被清晰呈现。自此，这种以异文化为研究对象的调查方法得到了发展，最终为进行全面的"田野调查"铺平了道路。

马林诺夫斯基（中间）与特罗布里恩群岛岛民

人类学家马林诺夫斯基与"印第安纳·琼斯"未曾公开的相遇

　　离开熟悉的世界前往未知外部世界的调查目的地，即所谓的"下田野"。这种田野调查法对于近现代人类学来说是不可或缺的。

　　对田野调查法被确立为文化人类学研究方法起到决定性作用的人物是出生于波兰的人类学家勃洛尼斯拉夫·马林诺夫斯基。马林诺夫斯基在英国学习人类学，并在 20 世纪初到澳大利亚进行调研，在此期间由于第一次世界大战爆发，他无法回到英国，于是意外地获得了长期停留在当地的机会。

马林诺夫斯基在巴布亚新几内亚东部的特罗布里恩群岛进行了前所未有的田野调查。他学习并掌握了当地的语言，完全沉浸于当地的生活，试图从"内部"解读社会全貌。以这种田野调查体验为基础，马林诺夫斯基于1922年出版了名为《西太平洋上的航海者》（*Argonauts of the Western Pacific*）的"民族志"。民族志是系统地描述某一文化或社会整体情况的研究著作，通常以特定主题，如性、经济、宗教等为基础进行编写。通过《西太平洋上的航海者》，马林诺夫斯基一举成名，跻身著名人类学家行列。

顺便提一下，这位马林诺夫斯基还在某著名系列电影中登场过。我相信读者们都知道，由乔治·卢卡斯和史蒂文·斯皮尔伯格合作制作，讲述哈里森·福特扮演的考古学家兼探险家印第安纳·琼斯在寻找宝藏的过程中一系列惊心动魄探险的"印第安纳·琼斯"系列电影。该系列电影有一部衍生电视剧作品《少年印第安纳·琼斯大冒险》，在日本曾播出配音版，可能有观众看过。衍生剧讲述了主人公印第安纳·琼斯从少年到青年时期的冒险经历。

其中有一集，印第安纳·琼斯和他的搭档莱米前往特罗布里恩群岛，寻找带有钻石眼睛的黄金孔雀像（孔雀眼宝藏）。这一故事背景设定在1918年11月，正是马林诺夫斯基在特罗布里恩群岛进行长期田野调查的时间。剧中，马林诺夫斯基是年轻的印第安纳的导师。与马林诺夫斯基交谈后，印第安纳决定

放弃寻找宝藏，回到美国上大学深造，学习考古学。于是，他
与搭档莱米分道扬镳。

基于田野调查写成的《西太平洋上的航海者》

看上去"著名的考古学家和探险家印第安纳·琼斯"都受
到了马林诺夫斯基的影响。当然，马林诺夫斯基真正的伟大成
就，在于他通过长期田野调查，从内部理解了当地的文化和社
会，并以"民族志"的形式将其详细记录下来。

在《西太平洋上的航海者》中，他提出即使看似奇怪的风
俗和习惯也都有确切的"意义"，描述了由各种元素相互功能性
关联构成的社会的整体状况。

这本书出版后，研究者亲自前往"当地"进行田野调查，
将获取的资料带回本国并编写民族志的研究范式逐渐在文化人
类学领域确立。

"田野调查"这一套研究方法，需要研究者在参与当地人的
各种日常活动、习俗的同时，观察并记录数据。这被称为"参
与式观察"。

文化人类学在 19 世纪与殖民主义有着深刻的联系，将西方
文化和社会视为最先进的文明，同时提出了文化也在进化的观
念，即文化进化论。但在进入 20 世纪后，文化人类学经历了巨
大的变革。20 世纪的文化人类学开始通过"田野调查"，试图

从文化内部理解当地人的思想和行为。

在《西太平洋上的航海者》中，马林诺夫斯基描述了特罗布里恩群岛和所罗门群岛等岛屿上进行的名为"库拉"（Kula）的交换活动。这些岛屿内部和岛屿之间的交换网络有严格的规则，不是每个人都能参与的。参与者需要组织独木舟船队，冒着危险渡海，前往邻近的岛屿，并按照规定的方式交换财宝。

在启程时，他们会诵读祈愿航行安全的祷告文，在航行途中也会献上祈祷。交换的财宝分为两种，从空中视角看，一种是以顺时针方向在岛屿间交换的"红贝壳项链"（Soulava），另一种是以逆时针方向在岛屿间交换的"白贝壳手镯"（Mwali）。这些财宝都有自己的名字，获得著名的财宝被视为光荣的事情。这些财宝不会永远留在一个地方，获得财宝的人不能永远独占它们。这些财宝在一段时间内被一些人拥有之后，会继续传给邻近岛屿的人们。与"库拉"交换相伴的是危险的大海航行，正如前文提到的，航行中经常会出现咒语和祈祷仪式等许多戏剧性元素。

也就是说，"库拉"不仅仅是一个财宝交换网络，还是一个包含了信仰、仪式、神话、人际信任关系和荣誉等要素的文化体系。

马林诺夫斯基在他的民族志中将"库拉"作为特罗布里恩群岛人的一项重要活动加以关注，试图从当地人的角度出发，描述和分析这些岛屿社会活动的功能和意义。马林诺夫斯基之后，文化人类学家们开始在世界各地进行"田野调查"，编写民族志。通过阅读这些民族志，我们可以更好地理解不同文化的人们如何开展社会活动，以及活动背后所包含的意义。

如果说 19 世纪文化进化论式的文化人类学是试图"乘坐飞机从上方俯瞰"不同文化，那么 20 世纪的文化人类学则是将不同文化置于同一平面，以非孤立的连续的形态思考它们，并深入它们的内部。到了 20 世纪后期，"文化相对主义"这一观念开始广泛传播。这一观念不再试图以文化进化论的方式将各种文化垂直排序，也不再强调哪种文化更为优越。相反，它认为每种文化都有其独特的价值。这一思想是对将西方社会视为最先进文化的文化进化论批判和反思的产物。通过以民族志的方式描述地球上不同社会的多样性，文化人类学取得了显著发展。

灌木丛中的莎士比亚

在试图理解异文化时，人们往往会以自己的文化为中心展开思考，这种倾向被称为"文化中心主义"①，与文化相对主义对立。

---

① 原文为「自文化中心主義」，即英文"ethnocentrism"，也可译为"民族中心主义"。国内也有学者将其直接按照日文汉字翻译为"自文化中心主义"。——译者注。如无特别说明，本书注释均为译者注。

在文化人类学中，通过长期田野调查的参与式观察和表达整个社会的民族志编写，可以帮助人们弱化自己的文化中心主义。只有这样，才能逐渐打开理解异文化的大门。理解异文化并不是一件容易的事情。

为了让大家了解其难度，我们可以反向思考。也就是说，不是我们去理解我们不熟悉的异文化，而是思考不同文化的人如何理解我们熟悉的文化。

大家可能都知道威廉·莎士比亚创作的戏剧《哈姆雷特》。严格来讲，尽管这是在不同于日本的文化背景下创作的作品，但即便没有观看过这部戏剧，很多人可能也通过翻译的文本或电影等形式了解过这部作品。因此，对于日本人而言，《哈姆雷特》的故事已非常熟悉。

首先，让我们简要介绍一下它的情节。

国王突然去世，他的鬼魂出现在王子哈姆雷特面前，透露自己是被王后乔特鲁德和王弟克劳狄斯合谋杀害的。哈姆雷特的母亲，王后乔特鲁德在丈夫死后不到一个月的时间里，违背道德嫁给了国王的弟弟克劳狄斯，而克劳狄斯则坐上了原本应该由哈姆雷特继承的王位。这使哈姆雷特感到痛苦。

哈姆雷特有一位恋人奥菲莉亚，她的父亲是大臣波洛涅斯。波洛涅斯躲在王后的寝室偷听哈姆雷特同其母亲的对话，被哈姆雷特误以为是克劳狄斯而被刺死。父亲被恋人杀死，自己也因被抛弃而陷入疯狂，最终奥菲莉亚在河中溺亡。

随后，奥菲莉亚的哥哥——波洛涅斯放荡的儿子雷欧提斯与哈姆雷特展开决斗。克劳狄斯为了除掉哈姆雷特，准备了毒酒和毒剑，而不知情的乔特鲁德喝下毒酒后死亡。哈姆雷特和雷欧提斯的决斗以双方同归于尽结束，但在那之前，哈姆雷特用毒剑杀死了自己的叔父克劳狄斯。

我们通常将人物尽毙的《哈姆雷特》视为莎士比亚的三大悲剧之一。然而，不熟悉这个世界观的异文化者可能不会这样想。

那么，对于这个悲剧，尼日利亚的蒂夫人是如何理解的呢？

蒂夫人的社会是父系氏族社会，规定子女皆属于父系亲族群体。而且，他们还有"收继婚"的习俗，即寡妇再婚，通常是与已故丈夫的弟弟等男性亲属再婚。除此之外，蒂夫人生活在一个允许用所谓的"巫术"来使目标患病或死亡的世界。按照蒂夫人的文化对《哈姆雷特》的故事有不同的解释。

对于蒂夫人来说，在前任国王去世后，由弟弟继承王位是理所当然的事情。正如他们的习俗——"收继婚"那样，前国王的遗孀与前国王的弟弟结婚是完全符合道德的行为。

此外，出现在哈姆雷特面前的前国王的鬼魂被认为是由掌控巫术的巫师派来的。奥菲莉亚的溺毙也被推测是她的哥哥雷欧提斯施展巫术所致。这是因为在蒂夫人的社会中，只有父系亲属施展巫术才有效。蒂夫人认为，哥哥雷欧提斯的放荡导致他缺钱，为了将妹妹的尸体卖给别的巫师换取金钱，便使用巫术将妹妹杀死。

因此，我们称为"悲剧"的《哈姆雷特》，在蒂夫人看来，完全是不同的故事。蒂夫人认为《哈姆雷特》是一则"教育年轻人的寓言"，简单来说，哈姆雷特受到巫术的蛊惑，无视长老的权威，试图谋杀现任国王（已故前国王的弟弟，也被视为他的父亲），最终因年轻而自毁。

"亲近之物看得清楚，远处之物模糊难辨"

蒂夫人对《哈姆雷特》的解读充分说明，正确理解不同文化并不是一件容易的事情。蒂夫人基于自己的文化体系来解读陌生的异文化故事，我们理解的悲剧在蒂夫人眼中成了警示年轻人的寓言。这与作品诞生地对这部作品的理解完全不同。

正如前文所述，基于自己所处文化的看法和价值观来评价异文化，在文化人类学中被称为"文化中心主义"。作为自身就是一种文化存在的人类，有一种倾向，即将自己认为理所当然的范围扩大，以此去理解不同于自身的他者文化。在这个案例中，可以看出蒂夫人是以文化中心主义的方式解读了《哈姆雷特》。

然而，我们绝不能谴责或嘲笑蒂夫人对异文化的"误解"。

对于我们而言，过去的世界同样常常被视为某种异文化。莎士比亚在大约 1600 年创作《哈姆雷特》时，当时的英国人对于这部我们今天看来的"悲剧"，是否持有同样的解读呢？或者，当时的评价是否可能与今天的理解完全不同呢？

不仅仅是蒂夫人，我们也常常会根据由自身文化中的价值观、惯习、制度等多种要素形成的"理所当然"，去理解其他文化。

他们的文化中存在巫术。巫术对我们而言，就好像最近流行的漫画《咒术回战》中的那样虚构的世界。"蒂夫人竟然虔诚地相信那种东西，是多么不理性和野蛮啊"——我们可能会以自己文化的价值观为标准来评判其他文化中的行为。

不从对方的角度去考虑，而是单方面根据自己熟悉的思维和行为方式来判断情况，这是导致社会分裂的一个原因。这种做法很容易与基于种族偏见的仇恨言论等问题联系在一起。

过去的文化人类学将类似蒂夫人生活的社会称为"未开化社会"。这个术语隐含了一种观念，即通过西方的科学和理性思想使生活在无知和愚昧的黑暗中"尚未睁开眼睛"的人们"睁开双眼"，也就是将其他文化解释为比自身文化劣等低级的东西。经历了这种反思，今天的文化人类学不再赤裸裸地使用"未开化"这一词语。

19 世纪末的哲学家弗里德里希·尼采曾说过："亲近之物看得清楚，远处之物模糊难辨。"随着互联网的普及，发达的社交网络将相隔遥远的人们之间的联系变得可视化，强化了人与人之间的关联，但可以这样讲，人与人之间的距离依旧遥远。因为在互联网上，充斥着基于对他人的不理解和自我主观偏见的侮辱性言论。也就是说，互联网的普及并没有让我们更加接近，反而加深了分裂。

正因如此，如果想给在社交网络中非但没有拉近彼此，反而助长了对立与冲突的当今世界带来一丝曙光，20 世纪以来的文化人类学直接接触异文化，从内部理解他者文化的做法也许依然有效。

我认为沉浸在陌生的异文化中，并从那个视角来审视世界，专注于以此为出发点的文化人类学的观念和想法，可能会在分裂的现代世界中变得越来越重要。

反复结婚和离婚的普南人

前文已经提到，基于参与式观察的田野调查是一种用于理解并描述当地文化的调查方法。到目前为止，我已经大致介绍了文化人类学是一门什么样的学科，现在我想更具体地通过实际研究来探讨田野调查能揭示哪些内容。

进入田野后，在与当地人初次接触时，他们所说的话对于研究者来说只是一片噪声。不熟悉当地语言的研究者无法了解谁是谁，他们各自在想什么，从事何种工作，以及人际关系网络如何交织。

在学习语言并逐渐适应当地生活后，研究者开始聚焦调查人们之间的相互联系，以便了解目前所研究的人们拥有怎样特定的社会关系。描述这些社会关系的方法是前文提到的文化人类学中经典的调查工具"谱系调查法"。

关于谱系调查法，我想结合我在加里曼丹岛对狩猎采集民族普南人的部落开展的田野调查（详见第三章）来谈一下。通常情况下，在调查人们的社会关系时，我会以口头调查的方式，在询问每个人名字的同时，了解谁和谁结婚，谁是谁的孩子，并通过图示表示婚姻关系和亲属关系。这就是人们社会关系谱系。

通过基于谱系调查法的研究，首先我了解到普南部落是一夫一妻制社会。然后，我又逐渐发现这里的男女"结婚"后选择长相厮守、终老一生的情况相对罕见，他们倾向于相对容易地解除"婚姻"关系，男女各自与下一个伴侣组成夫妻。因此，尽管在某个特定时间点上，普南与我们的社会一样是一夫一妻制，但从整个生命周期来看，普南的男女会多次与不同的伴侣"结婚"。

换言之，普南人的"婚姻"关系并不稳定。通常，普南人从性成熟后一直到终老，会在跨越表亲关系的范围上，与多名异性建立"婚姻"关系。此外，普南人的"婚姻"也并非我们认知中填写结婚登记表、递交给政府获得法律认可的关系。在普南，男女性爱关系通常是首要的，而这种关系的维持和延续被称为"婚姻"。相反，结束这种性爱关系被称为"离婚"。

普南语中既没有男性用于区分恋人（女朋友）和妻子，也没有女性用于区分恋人（男朋友）和丈夫的词语。也就是说，普南社会与我们的社会不同，婚姻并不意味着伴侣被称为丈夫或妻子。

对于普南人来说，"婚姻"也并不会通过仪式或典礼来结成。尽管一些普南人也会效仿邻近过着刀耕火种生活的农民们的习俗，在"结婚"时由男性赠送礼物（比如戒指）给女性，但通常情况下，只有在孩子出生时才被认为是"结婚"。成为父母的男女会根据孩子的性别在一段时间内称呼彼此为"女孩的父亲""女孩的母亲"或"男孩的父亲""男孩的母亲"。尤其是在第一个孩子出生时，一对男女的"婚姻"状态才会被确认并公之于众。

多种多样的亲属构成方式

在男女"结婚"期间生下的孩子，当父母"离婚"结束夫妻关系时，要么被其中一方抚养，要么成为祖父母或外祖父母的"养子"并由他们抚养。由于普南社会中"婚姻"不稳定，因此孩子的归属非常具有流动性。

从孩子的角度来看，"我的父亲"在不同时期与"我的母

亲"以外的不同女性"结婚"，每个女性都有多个孩子。同样，
"我的母亲"也在不同时期与"我的父亲"以外的不同男性"结
婚"，每个男性也有多个孩子。此外，"我的父亲"和"我的母
亲"的每个伴侣也曾多次"结婚"，并分别有多个孩子。

普南语中描述异母兄弟姐妹是"一父二母之子女"，反之，
描述异父兄弟姐妹则是"一母二父之子女"。这些表达方式在
描述兄弟姐妹关系时经常使用，原因在于父母双方都频繁"结
婚"。将这种普南人的亲属关系抽象化，用图表表示的话，会像
一个复杂的示意图。

可以确定地说，在某一特定时期内，普南社会是一夫一妻
制的。然而，男女会分开，之后反复"结婚"。加之婴幼儿死亡
率较高，所以有些人甚至无法计算自己有多少子女。

不过，也有极少数的男女会与一个伴侣共度一生。我所知
道的其中一对子女最多的夫妇，有 24 个亲生子女，其中 2 个孩
子早逝。这对夫妇除了亲生子女，还收养了 3 名"养子"。

通过使用谱系法进行调查，我们可以看到普南社会中人际
关系是如何组织形成的。

普南社会中，存在一种"养子"制度。这种制度允许作为
"养子"的非亲生子女住在父母身边，与父母和父母的亲生子女
一起生活，共同组建家庭。这与为了维持家族存续而设计的日
本养子制度有所不同，普南社会中的养子制度是基于所有人共
同参与子女抚养的理念。

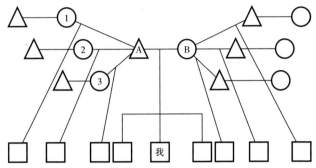

"我"的父亲 A 与母亲 B "结婚" 之前与之后，曾经与其他的女性 1、2、3 "结婚"，分别生育子女。

普南社会中的"结婚"与子女

通过田野调查工作，普南社会中的家庭和亲属关系变得清晰明了。

普南社会中男女的婚姻方式、家庭结构，以及对待孩子的方式与日本有很大的不同。例如，在今天的日本，关于夫妇能否自主选择同姓的问题一直存在争议。在日本，多年来一直要求夫妻必须选择同一个姓氏，这牵涉到家（ie）、氏（uji）等家庭结构的核心"传统"概念。然而，普南人根本没有姓氏，他们的名字是从祖先那里继承而来的唯一名称。因此，在结婚时选择哪个姓氏的问题在他们那里根本不存在。另外，如果我们深入挖掘日本历史，就会发现像今天这样每个人都使用"姓氏"也是相对较新的"传统"。

通常情况下，年龄较大的人更加保守，他们认为选择使用丈夫的姓氏事关日本社会家庭结构的根本"传统"。相反，考虑到婚后改变姓氏可能会影响到工作和职场中的人际关系，手续比较烦琐，因此支持在自主选择的前提下夫妇分别姓的年轻人似乎比较多。

家庭形式、婚姻形式以及对待孩子的方式都因地区而异。在本书中，我将围绕包括性、经济（赠予和交换）、宗教（仪式和巫术）、自然（人类与自然的文化）等各种主题，介绍我们不熟悉的文化形式，其中贯穿始终的是"差异"。尽管我们同为人类，但在地球上创建了多种多样的社会和文化。今天，"diversity"这个词经常用来表示多样性。然而，这个词最初是在人力资源管理领域被使用，其描述的多样性相当有限。文化人类学通过调查各种不同文化和社会所得出的多样性，则是基于更加根源性和深层次的差异。

夫妇同姓还是分别姓的问题也是如此，如果这是一种基于"理所当然"而认为其适合日本社会的想法，那么，我们恐怕就忽视了问题的本质。正如我之前提到的家和氏的观念，称其为"具有日本社会代表性"，恰恰是在进入普南社会内部发现其中的人不拥有姓氏，也不存在日本社会那种家族制度，使我们认为的"理所当然"相对弱化之后得出的看法。通过文化人类学，我们可以了解到"差异"，在此基础上，学习各种文化和社会的形态，这为我们在现代日本社会中生活也提供了重要的启示。

近亲通婚的禁令塑造了"家庭"和"社会"？

让我们将讨论话题稍微扩展一下。关于结婚和亲子关系等异文化中的社会关系，我还想再多谈一点儿。那是文化人类学中亲属研究的著名案例。

刚才我提到，人类的文化和社会都富含差异性。差异意味着不同，意味着个体化。但是，文化人类学不仅追踪不同社会之间的差异，还探究在这个多样的人类社会中是否存在着一些共通的东西，可以被称为"普遍"。

其中之一，便是通过婚姻和亲属关系研究揭示出的"乱伦禁忌"。乱伦禁忌即禁止近亲通婚。除了一些例外情况，这一原则在人类社会中被普遍遵循。在这里，不讨论其是非，我们想从"与谁结婚"和"不能与谁结婚"的角度来考虑乱伦禁忌。通过这个视角，我们可以了解人类社会的一些普遍规则。

之前提到的列维－斯特劳斯就是一位以研究乱伦禁忌和亲属关系结构为出发点的人类学家。他认为婚姻是一种"女性交换"，试图通过"交换"这一经济学概念来解释社会结构（值得注意的是，"女性交换"这一术语和观点后来被批判为男性中心主义）。

列维－斯特劳斯认为，女性交换可以分为两种类型："有限交换"和"一般交换"。"有限交换"发生在由两个群体组成的社会中，其中群体 A 的男性倾向于与群体 B 的女性结婚。在这种制度下，群体 A 的男性会接纳群体 B 的女性作为妻子，同时将群体 A 的女性提供给群体 B 的男性做妻子。两个群体形成一种交换女性的互惠关系。

"一般交换"是指在由三个或更多群体组成的社会中的一种联姻理论。假设有 A、B、C 三个群体，群体 A 的人会将自己的女性提供给群体 B 的男性做妻子，如果你是群体 A 的一员，那么你可能会将你的姐姐或妹妹提供给群体 B 的男性。

群体 B 的情况是，他们会将自己群体的女性提供给群体 C 的男性做妻子，而群体 C 的人会将自己群体的女性提供给群体 A 的男性做妻子。如此按照 A→B→C→A 的顺序循环，女性在多个群体之间按照一定的顺序流动，这便是"一般交换"。尽管看起来没有像"有限交换"那样直接的互惠关系，但如果考虑女性在整体中的循环流动，便会发现构成了 A 通过向 B 提供女性，进而娶到 C 的女性作为妻子的结构。也就是说，每个群体都在提供和接受女性，从而形成了间接的互惠关系。

为了方便理解这一点，可以回想一下马林诺夫斯基在他的著作《西太平洋上的航海者》中描述的"库拉"交换方式。在"库拉"交换中，两种财宝按顺时针方向和逆时针方向在岛屿之间流动。在连接各个岛屿的大环中，财宝的流动构成了交流结构。列维-斯特劳斯用"一般交换"的形式来思考的框架与"库拉"式的财宝交换非常相似。

列维-斯特劳斯将"有限交换"和"一般交换"这两种形

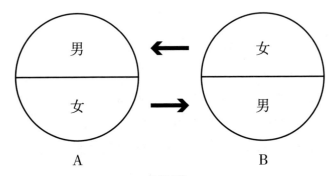

有限交换

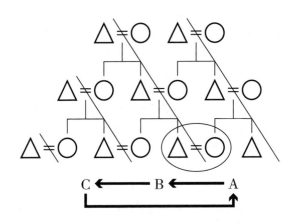

※ △男性、○女性、=婚姻关系、⌐⌐兄弟姐妹关系

一般交换

式称为"基本结构"，并主张所有婚姻形式都是这两种基本结构的组合或变体。因此，联姻制度的规则鼓励将女性送到其他群体，并在自己的群体内迎娶其他群体的女性。

反过来说，这意味着由于女性必须被送到其他群体，因此男性不能够与自己群体内的女性进行性交（结婚）。如果仅在自己群体内不断结婚，该群体将封闭于自身，无法从其他群体获得女性。将女性送到成长环境之外的其他群体，并接收其他群体的女性，通过这种女性交换的方式，可以确保每个群体都拥有生育下一代的女性，建立并维护了与其他群体之间的社会互动环境。

自己群体的女性通常是指自己的姐姐或妹妹等所谓的近亲女性。通过禁止近亲通婚（乱伦禁忌），确保了将女性送到自己群体之外进行交换。

总之，乱伦禁忌是一项禁止了会封闭社会并使社会消亡的不利行为的规则，使社会环境发展扩大至人类社会成为可能。可以这样来理解，即恰恰是由于人类普遍拥有乱伦禁忌，人类社会才得以确立。

而且，乱伦禁忌也意味着家庭最初并不是作为交换主体而存在的。只有通过乱伦禁忌禁止群体内的性交（结婚），家庭才能被构建为交换主体。某些社群通过婚姻与邻近社群建立了"姻亲"友好关系，从而避免了因获取经济资源而引发的争端，努力维护了和平的秩序。从这个意义上讲，可以说乱伦禁忌是组建"家庭"的起源，也可能是构建"社会"的起源。

通过谱系法，可以将人与人之间的联系以可视化的方式呈现出来，从而揭示社会的组织构成，不仅可以描述各个不同社会之间的差异，还可以像列维－斯特劳斯所尝试的那样，通过对比按照谱系法推进的个案研究，为"为什么存在乱伦禁忌""家庭是什么"等带有普遍性的问题提供一定的答案。正如以上简单说明的这样，文化人类学一直以来，以通过长期田野调查获得的社会"骨架"作为基础，对"人类是什么""社会是什么""文化是什么"等问题进行了深入的思考，逐渐积累了对这些问题的一个又一个透彻的理解。

描绘人类生活的现实

前文已经提到，文化人类学自马林诺夫斯基以来，逐渐开始通过长期的田野调查和参与式观察来全方位书写异文化的民族志，力图呈现异文化的整体图景。在这个过程中，强调描绘当地异文化的"骨架"概览和社会制度，以展示学科的客观性和体系性。

然而，可称为"现代人类学之父"的马林诺夫斯基，却非常注重描述记录当地人的"感觉"和"思考方式"。这意味着文化人类学家的研究对象并非是在持续探究进入田野之前已有的主题和问题，而是在寻求从直接经验中获得问题的过程中才能发现的东西。马林诺夫斯基将其称为与抽象社会结构的"骨架"相对的"血肉"部分。

关于异文化的学术报告通常精彩地描述了文化的"骨架"，但如果没有展现出日常生活中的事件、围绕这些事件的激动情绪等"血肉"方面的内容，马林诺夫斯基认为这是愚蠢的。他强调，进行田野调查的研究者绝不能忽视这些"血肉"。

"血肉"指的是只有亲身体验田野生活才能观察到的，不能通过资料调查、计算或统计来记录的一系列重要现象。马林诺夫斯基用更抽象的术语称之为"实际生活的不可测度方面"（imponderabilia）。

> 一个人整个工作日中的日常，包括照顾身体、进食以及做饭的方式等细节；围着村中篝火谈话和交际的腔调，强烈的友情与敌意，以及人与人之间同情与厌恶之情的传递；微妙而真实地在一个人的行为中透露其虚荣心与野心的方式，以及他人的情感反应等。这些微妙、重要且独特的现象——所有这些都属于这个领域。
>
> ——马林诺夫斯基《西太平洋上的航海者》

与我们日常生活相似，田野当地居民的实际生活也是由衣装服饰、食物做法、用餐习惯、村庄篝火周围的谈话等司空见惯的生活场景组成。马林诺夫斯基所说的"不可测度方面"实际上指的就是从田野当地内部的角度深入接触实际生活时所看到的"人类生活的现实"。

参与式观察中有许多无法用数字、刻度或统计表示的不可测度的部分。然而，由于在民族志的书写中经常强调凸显文化的"骨架"，所以这些不可测度的部分往往被忽视。民族志通常过于追求"骨架"，因此"人类生活的现实"往往被视而不见。

与人类的生活本身对话

最近，人类学家蒂姆·英戈尔德（Tim Ingold）重新提出了田野中的这些课题。虽然英戈尔德的书中没有直接提及马林诺夫斯基，但从中不难读出他对"实际生活的不可测度方面"的重视。

英戈尔德认为，文化人类学不是对人们进行描述的学科，而是与人们一起学习的学科。在他看来，文化人类学不应仅仅是长期居住在陌生的地方，然后详细描述、报告他人的生活，并从中仅仅提取出"骨架"的学问。英戈尔德强调人类学家在田野中经历的平凡且司空见惯的日常生活的重要性，他指出：

这并不是要将人类生活的多样性制作成目录，而是要参与对话。这是一种持续变化的对话，其中所有参与者都不断地经历变化。换句话说，人类学的目的就是与人类生活本身对话。

——蒂姆·英戈尔德《人类学是什么》

此外，英戈尔德还指出，通过田野调查进行的参与式观察是与探究生活方式这一人类共通性任务相关的，即一边进行参与式观察，一边学习。因此，田野调查工作不仅仅是将人们所说的话转化为数据的调查。

将日常生活中的平凡事件和对话节奏等"不可测度"的部分割弃，仅仅提取出有助于论文写作的数据并进行"纯化"，习惯于进行这种文字化处理工作的文化人类学家，可能早已将重要的东西丢在田野中了。英戈尔德认为，文化人类学不仅仅是书写民族志，还应该在参与式观察的基础上，在书写同时深入思考，进行实验性尝试。

结合英戈尔德的这种文化人类学理解，除了通过文字书写民族志这一传统的表现方法，我们可能还应该探索通过其他媒介更具思辨性和实验性地表现被丢弃在田野中的人类生活的可能性。这包括了在工作坊等活动中与不同领域、不同专业人士积极交换意见、深化思考，结合照片、影像、漫画等媒介形式，借助艺术和表演等方式进行创作。

在本章中，我们讨论了文化人类学是什么学科，文化人类学家做了什么，以及学科思维的基本框架。在接下来的章节中，我将基于个别主题，如性、经济（赠予、交换）、宗教（仪式、巫术）、自然（人类与自然的文化）等，介绍文化人类学所描绘的丰富多彩的异文化世界。我希望大家能够通过学习不熟悉的文化和社会，为在这个现代世界中生存找到一些有用的启示。

第二章

什么是性？

作为自然的性与作为文化的性

在本章中，我想讨论一下被认为是包括人类在内所有生物之根本的"性"。首先，要明确的一点是，性并非只属于人类。约38亿年前，生命首次出现在地球上，即所谓的单细胞生命体。它们通过生物学上无性繁殖的方式生殖。然后，在大约15亿年前，为了适应环境的变化，出现了通过混合雌性和雄性遗传物质（有性繁殖）来繁殖的生物。这被认为是作为繁殖的性的起源。

无性繁殖在遗传上本质是在复制前一代的信息，个体就可以进行繁殖。但是，有性繁殖则必须通过一对雌雄个体繁殖下一代，从繁殖方式而言，效率比较低。在无性繁殖中，所有个体都具有相同的遗传信息，一旦环境恶化，导致一个个体被摧毁，那么整个物种的存续就会受到威胁。然而，有性繁殖则是将雌性和雄性的遗传信息各取一半，产生具有不同遗传信息的下一代。即使环境发生变化，也会有能够存活下来的个体，有助于物种的存续。因此，有性繁殖的生物在地球上蓬勃繁衍。

由于雌性和雄性之间"性"的诞生，生物为了繁衍后代，必须寻找异性进行性交。换言之，必须寻找性伴侣。而且，性交的双方会产生许多纠葛。此外，围绕异性，同性之间也会形成竞争。因此，这些延伸的、被人类继承的与性有关的问题，也随着雌性和雄性之间"性"的诞生而同时出现。

性的问题涉及生物性和文化性，涵盖了人类作为生物和文化存在的两个方面。人类学最初是以同时考虑这两个方面，全面思考"人类"这个主题而起步的学科。

人类学随着学科发展而出现变化，例如在美国，就是以考古学、语言学、自然人类学和文化人类学这四个领域的综合发展为目标。尽管在今天，专业化越来越深入，同时掌握各领域的知识进行研究变得更加困难，但是，不同于文化进化论，从生物进化的角度来看待人类的生物学和自然人类学知识，以其连续性来考察人类文化，对于文化人类学来说仍然是重要的。

正如我反复提到的，性是涉及自然和文化两个方面的主题。因此，在探讨人类社会中性的表达方式之前，本章将探讨一般生物的性行为，以及性是如何随着生物进化一直延续到高等灵长类生物中的。

我们将通过生物进化的纵轴和跨文化比较的横轴，从两个维度来思考性。如此一来，也是将性作为自然和文化的交融点进行考察。

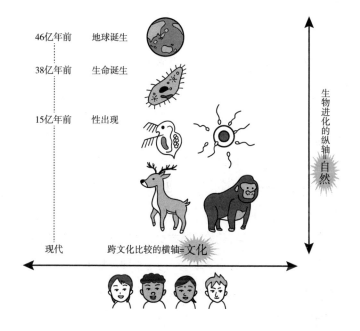

46亿年前 　地球诞生

38亿年前 　生命诞生

15亿年前 　性出现

现代 　　　跨文化比较的横轴＝文化

生物进化的纵轴＝自然

各种生物及其多样的性

那么，让我们首先从总体上来看看各种生物的性，性的存在方式是多种多样的。

比如，一种叫作水螅的生物，生活在池塘或沼泽中。通常情况下，它通过体内长芽的方式实现无性繁殖。然而，当栖息环境变得干燥或水温升高等不利因素出现时，水螅便会停止无性繁殖，转而产生精子和卵子，开始进行有性繁殖。这样，通过有性生殖诞生的下一代子嗣会扩散至各处，形成一个群体。

在稳定的环境中居住时，由于能够轻松地预测未来，下一代可以通过与自身相同的复制方式生存下来，因此，水螅选择通过无性的方式进行繁殖。然而，当环境发生变化并变得不稳定时，预测未来就变得很困难，因此，水螅会切换到有性繁殖，通过与其他个体交换遗传物质，诞生出与自己不同的下一代，在适应环境变化的同时，提高生存概率。切换为有性繁殖可以看作是某种形式的保险，是为了生存而实行的策略。

在根据环境变化切换无性繁殖和有性繁殖的生物中，有些采用只用卵孵化下一代的繁殖方式。这被称为单性生殖，微小的甲壳类动物水蚤就是其中之一。水蚤的雌性个体会产卵，而这些卵会在没有受精的情况下孵化成为子水蚤。换言之，单性生殖中虽然存在雌雄个体，但在繁殖过程中有时并不需要雄性。

除此之外，还有雌雄同体的性别现象。其中一个著名的例子是蜗牛，它体内兼具雌性功能和雄性功能（与雌雄同体相对的是包括人类在内的雌雄异体生物）。在雌雄同体的生物中，两个个体之间会共同释放精子和卵子，通过受精形成新的生命。蚯蚓、水蛭、沙蚕等也属于雌雄同体生物。此外，您可能在海岸的岩石、防波堤表面或船舶的侧面看到过密密麻麻的藤壶，藤壶也是雌雄同体的生物。藤壶会伸展类似人类器官中阴茎的部分，与其他个体进行交配。与体型相比，它的阴茎可以说是相当大。

正直者与偷偷摸摸者的生存策略

刚才提到，随着性的诞生，同性之间为了争夺异性而展开竞争。在生物界，争夺配偶的竞争大多发生在雄性个体之间。在这种竞争中，体能好、身材体型好的雄性更可能获得雌性。

以海豹为例，一头雄性海豹可能占有数十头雌性海豹，雄性之间会进行激烈的肉体对抗以争夺地位。此外，雄性欧洲马鹿个体之间往往会相互挑衅，用角相互碰撞，驱赶对方，或将对方推倒。在这种争夺异性的争斗中，获胜者往往是体力好、体型壮硕、鹿角锋利的个体。

因此，繁殖是否成功，取决于个体的体型和体力。这种以获取交配机会为目的的竞争策略被称为"正直的争斗"。

这种"正直的争斗"建立在强者胜出的力量原则上，为了获得异性必须付出大量的体能，可能使生命力本身也因此消耗殆尽，而那些不适合这种竞争、力量较弱的个体则会采用一种"替代交配策略"[1]。

"sneaker"这个词的意思是"做事偷偷摸摸、鬼鬼祟祟的人"。与"正直"相对的是偷偷摸摸、耍小聪明。在"替代交配策略"中，在他者雌雄双方繁殖行为开始的瞬间，这些个体会从后面悄然出现，撒播自己的精子，使雌性受精，如蝾

---

[1] 原文为「スニーカー戦略」，「スニーカー」是英文"sneaker"的音译。

蜈等。

此外，为了独占配偶，许多生物会采取措施保护自己选择的伴侣，防止其被其他异性侵犯。例如，与其他动物不同，昆虫有精荚而没有精巢。由于经常会出现雌性个体体内混合有多个雄性个体精子的情况，有些个体会将前一位雄性留下的精荚挖出，并用自己的精荚代替。雄性水蜻蜓交尾器的前端有一个钩，交尾时，它会在将前一位雄性留下的精荚挖出，将自己的精荚送入雌性体内。

对于哺乳动物来说，精子是在精液中游动的。因此，为了交配受精，最佳方法就是在一次交配中将释放精子的数量最大化。那么，必须将生产和储存精子的精巢变得非常发达。结果，哺乳动物的雄性个体拥有精巢的睾丸发育得很大，包括人类在内的灵长类动物就是一个明显的例子。

特别是在存在两性乱交现象的灵长类动物中，为了增加受精的概率，雄性个体通常会用压倒其他个体精子数量的方式来提高自己的优势，睾丸大小也会成比例地增大。例如，黑猩猩会在由多个雄性和雌性组成的比较大的群体中乱交。黑猩猩睾丸的平均重量约为 120 克，相当于体重的 0.3%。相比之下，大猩猩则不会乱交。一只雄性大猩猩会在群体中拥有多只雌性"后宫"，但这些"后宫"中的每只雌性大猩猩只与这一只雄性大猩猩交配。因此，大猩猩的睾丸重量约为 35 克，相对较小，不足体重的 0.02%。

杀婴的叶猴

在日本的灵长类学研究中，杉山幸丸先生以对印度长尾叶猴（Hanuman Langur）的研究而闻名。他对曾被认为是异常行为的长尾叶猴的"杀婴"现象进行了动物行为学分析。

长尾叶猴的社会结构为一夫多妻制，由一只雄性和多只雌性组成。由于一只雄性垄断占有多只雌性，不可避免地会出现因没有力量而无法留下后代的弱势雄性。

然而，即使是位于"后宫"中心的雄性也不能时刻安枕无忧，它们随时可能被其他雄性夺取"后宫"。在这里，一直都存在"正直的争斗"。如果在这种"正直的争斗"中失败，拥有"后宫"的地位被其他雄性取代，那么之前位于"后宫"中心地位的雄性的孩子们将被新的雄性一一杀死。然后，新的"后宫"头目将与雌性们依次交配，生下自己的后代。

过去，人们普遍认为同类之间不会发生这种残酷的杀戮行为。因此，在最初发现长尾叶猴存在"杀婴"行为时，人们认为这种极为罕见、异常的行为，可能只是个例或异常现象。然而，随着杉山幸丸之后研究的深入，类似的"杀婴"行为也在其他存在一夫多妻制的动物群体中被发现，包括坦桑尼亚的狮子、委内瑞拉的红吼猴和卢旺达的大猩猩等。从这些案例中可以看出，一夫多妻制社会形式似乎是导致"杀婴"行为的原因。那么，在不是一夫多妻制的灵长类动物群体中情况如何呢？

倭黑猩猩的全方位性行为是为了避免"杀婴"吗?

我们来看看那些不同于长尾叶猴的、社群为非一夫多妻型的灵长类动物。倭黑猩猩形成的就是乱交社群,而非一夫多妻型社群。与黑猩猩相比,倭黑猩猩的群体更为"和平",它们很少为了争夺发情雌性发生争斗,而是以一些极富"和平"特征的行为而闻名,比如将舌头伸入对方口中的"深吻"、雌性之间彼此摩擦生殖器的"GG rubbing",以及雄性之间互相将屁股对在一起的"贴屁股"等,这些性行为在倭黑猩猩中经常被观察到。

动物行为学家弗朗斯·德瓦尔认为,倭黑猩猩通过这种乱交性行为,构建出一个父亲身份不明的社会。因此,他提出了这样一个假设,即通过这种方式,倭黑猩猩成功地避免了悲剧性的"杀婴"行为。

此外,由于雌性在性行为中起着积极作用,因此在倭黑猩猩社会中,雌性掌握主导地位。同性之间进行的性行为也有助于缓解紧张关系。就这个意义而言,性行为不仅仅是繁殖行为,还发挥着稳定个体间关系的社会功能。

可以这样来理解——倭黑猩猩通过不确定子女父亲身份的方式,成功避免了"杀婴"行为。那么,人类又是如何处理这个问题的呢?人类通过男女配对,建立持续的关系,将性行为对象限定为一个人。人类通过明确子女父亲身份的方式,走上了与倭黑猩猩不同的道路。由此，德瓦尔提出一种假说：男女通过一夫一妻的结合方式，避免了男性的"杀婴"行为。

关于灵长类动物的发情迹象

在灵长类动物中，性行为即交配发生的前提是发情。在进入文化人类学对人类文化进行比较之前，让我们先了解一下发情与交配（性行为）之间的关系。因为发情在某种意义上就是对什么感到兴奋，灵长类动物在发情的对象和契机方面，与人类的性行为有共通性。

发情对于包括人类在内的灵长类动物来说，是由雌激素和孕酮等激素引起的。然而，发情征兆的表现在灵长类动物中是多种多样的。

在灵长类动物中，通常首先是雌性显示发情的迹象，雄性才会受到刺激而发情。换句话说，如果雌性没有发情迹象，雄性是不会发情的。

雌性日本猕猴发情时的特征是面部和臀部的皮肤变红。狮尾狒则表现为胸部露出的半月形皮肤变成粉红色。其他动物，如豚尾猕猴、东非狒狒、阿拉伯狒狒、黑猩猩和倭黑猩猩等，发情特征通常是性皮肤[1]充血肿胀。长臂猿、红毛猩猩、大猩猩

---

[1] 肛门和外生殖器附近的皮肤。

等，发情时在外观上几乎没有变化。至于人类，发情迹象早已消失。因此，这意味着在更接近人类的类人猿中，发情迹象有逐渐减少的趋势。

实际上，这些发情迹象的有无、时长与不同物种的交配方式密切相关。例如，对于存在乱交型社群的黑猩猩和倭黑猩猩来说，雄性为争夺雌性而处于竞争关系中。因此，雌性需要呈现明显的发情迹象，以便雄性能够远远地看到。雌性发情时性皮肤明显肿胀，发情期也相对较长，达 2 周左右。

此外，构建了一夫一妻关系的红毛猩猩，以及形成了一夫多妻社会的大猩猩等，这些物种会进行独占排他性的交配，雌性始终在雄性附近，因此不需要明显的发情迹象。这些物种的发情迹象几乎不存在，交配只会在排卵日的前后两天发生。

为什么人类没有发情迹象？

那么，作为高等灵长类动物的人类也没有发情迹象，这究竟是为什么呢？精神分析学家西格蒙德·弗洛伊德认为，由于人类进化为直立行走的两足动物，视觉的重要性逐渐超过了嗅觉，导致了发情迹象的消失，这也就是他提出的"直立两足行走与视觉优越"的观点。

许多哺乳动物在发情时，会从生殖器或肛门散发出特殊的气味。因此，越接近四足行走的动物越能够在靠近性器官周围时嗅到这种气味。然而，随着人类开始两足行走，鼻子的位置移到上方，变得难以嗅到性器官发出的气味。嗅觉退化，取而代之的是两足行走带来的视野扩大，以及由此提高的信息处理能力，促进大脑发育。如此一来，人类不再需要发情迹象。

此外，除了弗洛伊德的理论，人类学家海伦·E. 费舍尔（Helen E.Fisher）提出了"性的强者"理论。她认为，由于人类的祖先进行乱交式的性行为，女性为了选定能够保护自己和子女的特定男性，便使日常性交成为可能，并且隐藏排卵的迹象，成为"性的强者"。于是，男性无法确定可能怀孕的日子，为了留下后代就会持续与特定的女性进行性交。通过保持性伴侣的关系，女性从男性那里得到了保护和食物供给。

人类学家欧文·洛夫乔伊认为，由于人类进化为直立两足行走，诞生了分工制度——男性负责获取食物并供给家庭，女性负责育儿。在这个过程中，女性为了维系男性而失去了发情迹象，由此日常性交成为可能。

面对这些观点，日本的灵长类动物学家山极寿一认为，人类雌性继承了长臂猿和大猩猩等性皮肤不肿胀的特质，雄性继承了红毛猩猩和大猩猩等不需受雌性发情刺激也能性兴奋的特质。

这些观点终究只是假设，实际上我们对真相了解得并不多。然而，不管怎样，由于没有了呈现发情迹象的特点，人类的性吸引力不再通过可见的发情信号来表现，为了弥补这一点，人类提高了性幻想的能力。

在本章的后半部分，我们将探讨人类文化和社会中性的多样性，在此我们要明确这种多样性正是在以上这种生物进化历史中发展形成的。

作为生物进化产物的同性恋

在探讨人类文化和社会中性的多样性之前，让我们先来思考一下整体灵长类动物中的"同性恋"。这通常被认为是人类特有的现象，但实际上并非如此。例如，一些研究认为海豚也存在部分同性恋的倾向。在更接近人类的物种中，红毛猩猩和大猩猩等高等灵长类动物也显示出同性恋的倾向。

如前所述，雌性红毛猩猩和大猩猩没有发情迹象，雄性的性兴奋并不受雌性发情表现的影响。结果，性对象不再仅限于异性，也扩展到同性之间。

在这种生物进化的过程中，人类也由于没有发情迹象，性魅力开始集中在个人特征，而不是性信号上。换句话说，由于人类进化到了可以在特定伴侣的特定特征上感受到魅力的程度，因此对于男性而言，对性魅力的感觉就不再局限于女性。

于是，我们开始不是对发情迹象感到兴奋，而是对声音、动作、身体的某些部位等产生性兴奋。这就导致了所谓的"恋胸癖""恋臀癖""恋足癖"等，也就是所谓的恋物癖。这意味着异性不再是性爱的必要条件。

通过LGBTQ运动，以及对相关内容的认知，社会如今对于异性恋之外的性取向也有了相对较为宽容的理解。但在过去，认为除异性恋之外的性都是无法产生下一代的、违反生物原则的异常的性爱，这样的观点是相当普遍的。然而，将其置于生物进化的时间轴中思考时，可以说同性恋并不是性交的"障碍"，而是可以被看作人类进化的产物。

通过接受精液注入体内而成为男性的桑比亚社会

然而，要是将非人类生物的同性恋行为与地球上人类社会中的同性恋多样性比较的话，非人类生物的同性恋行为可能会显得十分平淡无奇。

在探讨人类多样性性取向时，我首先想讨论的是居住在新几内亚高地的桑比亚人（暂名）的同性恋现象。

据说桑比亚人无法理解我们所认为的同性恋或同性恋者。我们习惯使用这样的词来理解某个人的性倾向，将其视为一种社会属性。基本上来说，我们认为同性恋是持续存在的性倾向，因此我们会用"我是同性恋"或"那个人是同性恋"等说法将其表达为人的一种属性。

然而，在桑比亚社会中，情况并非如此。他们所谓的同性恋或同性爱关系，实际上是指男性一生中的某个时期的性爱方式。

在桑比亚社会中，无论孩子生来是生物学意义上的男性还是女性，都被认为具有女性特质。与此相对，男性特质和男子气概并非自然而然获得的。要使少年转变为成年男性，必须举行一种仪式。关于这种"仪式"，尤其是在人生的重要时刻进行的"人生大事仪式"，或者是人类学中通常所说的"过渡仪式"，我们将在第四章进行详细讨论。

那么，在桑比亚，少年转变为成年男性的仪式是怎样的呢？在这一仪式上，会让少年们喝下男性的精液。7岁左右，少年会以给年长男性口交的方式，让精液进入体内。在一些情况下，据说他们也会将精液涂在食物上食用。总之，通过将代表男性性本源的精液留在身体内，少年获得了作为男性的生殖能力和强健体魄。这些少年成年后，约在15岁时，又成为年轻男孩们获得精液的来源。

因此，在这个仪式期间，桑比亚的男性之间会发生同性性交行为。这被视为少年的成人礼，也是桑比亚男性生命中的同性恋时期。

在此之后，男性会与女性结婚。精液授予仪式仅仅是为了获得男性特质，从而能够与女性结婚。此外，所谓的男子气概实际上指的是身体强壮，这直接与战斗能力相关。为了成为卓越的战士，男性需要从年长的男性那里获得精液，"充实"自己，成为真正的男子汉。

尽管与女性结婚是基于异性恋的，但婚后男性可能会继续与少年保持关系。在这种情况下，丈夫被认为是双性恋。然而，一旦妻子怀孕并分娩，男性就成了父亲。作为代价，与少年的性关系就会结束，桑比亚的男性就会转为异性恋。

桑比亚的男性在一生中会经历多种性取向。7~15岁，他们以同性恋者身份度过，然后在结婚后一段时间内保持双性恋者身份。成为父亲之后，他们便以异性恋者身份生活。因此，对于桑比亚人来说，我们将"同性恋""同性恋者""双性恋者"等标签作为特定属性的做法毫无意义。

如此看来，或许可以这样说，人类的性取向大大脱离了在生物进化的纵轴上发展演变的性，而在比较文化的横轴上呈现多样化。接下来，我们将了解一下人类社会性文化的多样性。

有多个父亲的委内瑞拉瓦里社会

在灵长类动物中，"母性"即母亲的特质是可以确认的，但是"父性"即父亲的特质是相对稀少的。这一点在人类社会中是非常显著的。在考虑生物进化和人类的性的异同时，父性也成为一个重要的主题。

在这里，我们将要探讨父性，即在人类的各种文化和社会中父亲的特质是如何被定义的。

首先，我们来看一下委内瑞拉的瓦里人。在瓦里社会中，父性是被"分割"的。一个父亲不仅仅是自己孩子的父亲，还会在其他孩子眼中扮演父亲的角色。相反，从孩子的角度来看，他们会认为自己有多位父亲。

那么，具体是什么情况呢？在瓦里社会中，男性是农耕、狩猎和捕鱼的主力。男性可以获取食物，但女性和孩子们很难获得足够的食物。此外，（白人）土地所有者会雇杀手来杀害瓦里人。因此，成为战斗目标的男性死亡率较高，从男女人口比例来看，女性较多。

由此产生的结果是瓦里逐渐形成了一夫多妻制社会，一名男子可以拥有多个妻子。从女性的角度来看，婚姻通常意味着只有一个丈夫。一旦丈夫在战斗等情况中死亡，子女们就有饿死的风险。

在瓦里社会中，婚后的女性一旦怀孕，就会突破第一章讨论的乱伦禁忌的限制，与多名男性成为情人关系并进行性生活。瓦里社会认为女性的男性情人能够帮助胎儿健康发育，即对胎教有益。

孕妇会在其他女性的帮助下在森林中分娩。生产过后的母亲会在其他女性面前公开与自己在怀孕期间发生性行为者的名字。获得这一信息的女性会返回村庄，将孩子出生的消息告诉那些男性。如此一来，那些男性情人会产生作为"第二个父亲"的父性，这种父性与让女性怀孕分娩的丈夫并无差别。

孕妇的多个男性情人作为"其他的父亲"，会把狩猎所得的猎物和食物送给新生儿。随着孩子长大，母亲会指着多位父亲对孩子说："那就是你的爸爸。你可以得到鱼和肉。"于是，孩子就会得到食物。因此，即使丈夫在战斗等情况中死去，其他父亲也会抚养孩子。

在食物供给依赖男性的瓦里社会中，社会因素导致男性人口较少，因此女性可以与任何男性发生性关系，以确保孩子能够从多个父亲那里得到食物并生存下来。性是女性和孩子的生存战略，更是保障社会存续的重要手段。性构建了人际关系，有助于社会的形成与维系。

认为孩子不是通过性行为诞生的人们

关于父性和性行为之间的关系，接下来我们看看特罗布里恩群岛的例子。这是基于第一章中提到的勃洛尼斯拉夫·马林诺夫斯基的研究。他除了《西太平洋上的航海者》，还留下了许多有关特罗布里恩群岛岛民的民族志，其中《野蛮人的性生活》（ *The Sexual Life of Savages* ）一书描述了距今 100 多年前当地赤裸裸的性行为，令当年十几岁时阅读此书的我深感震惊。

特罗布里恩群岛位于新几内亚岛东部，岛上的居民依据母亲一方的关系构建家庭、亲族和血缘集团，即所谓的"母系社会"。

在这些岛屿上，人们认为人死后会前往被称为"图马"

（Tuma）的死亡之岛，并过上幸福的生活。当死者的灵魂厌倦图马的生活后，为了返回现世会变成"灵儿（灵魂孩儿）"。然后，他们回到特罗布里恩群岛并进入女性体内。有人说是通过阴道进入，也有人说是从头部进入。换句话说，女性怀孕并分娩生子，仅仅是因为灵儿寄宿在她的身体内。特罗布里恩群岛的人们认为血液会帮助儿童形成身体，以此解释为什么女人怀孕时会停止来月经。

这里需要注意的是父亲的存在。如果是灵儿进入女性体内导致怀孕，那么父亲在这个过程中是参与了哪部分呢？根据马林诺夫斯基的解释，似乎在特罗布里恩群岛的文化中，并不存在生物学意义上的父子关系。因为父亲的精液被认为与怀孕无关，即男性的精液与生育无关，对受孕没有任何价值。

马林诺夫斯基写到，特罗布里恩群岛的人们认为"处女不怀孕是因为没有让灵儿进入身体的通道"。因此，特罗布里恩群岛的女性通过各种手段试图破坏处女膜。

当然，特罗布里恩群岛的女性会与男性发生性行为。然而，她们并不认为这是怀孕的直接原因。那么，男性的精液意味着什么呢？特罗布里恩群岛的人们认为精液只是能够使灵儿通过的通道更加顺滑。

在特罗布里恩群岛的社会中，经常发生男性离开岛屿去外地工作的情况，丈夫会有一年乃至多年时间不在家。当丈夫回来时，妻子不知何时已经生下了孩子。对于我们来说，可能会认为妻子出轨了，但在特罗布里恩群岛，丈夫并不责备妻子，相反，他会高兴地疼爱在他离家期间出生的孩子，视如己出。也就是说，对于他们而言，性交和怀孕之间并没有因果关系。

在那里，父亲和孩子之间不存在生物学和肉体上的连续性。这与母系社会的亲族形态有很大关系。在母系社会中，家族由母亲方的亲属组成。财产的管理和继承在母系亲属系统内进行，父亲被排除在外。相反，对于孩子来说，舅父是个重要的存在，因为孩子会从舅父那里继承财产。父亲与孩子之间没有家族联系，父亲的角色是在孩子出生后一段时间内，与孩子一起生活，关心并抚养孩子。

在了解了这些情况之后，大家做何感想呢？结合前面提到的委内瑞拉瓦里社会的情况，我们可以看出父性和性关系并非通常想象的那样。性可以被用于维持生存，不一定被视为生殖行为。与此同时，父性本身也有多种多样的含义。

"性肯定型社会"和"性否定型社会"

仅仅看一看父性和性关系，我们就能够理解人类社会中性的多样性。文化人类学通常会对性价值观进行比较和分析，以探究不同社会中性文化的异同。

例如，有研究提倡将人类社会分为鼓励、宽容性行为的"性肯定型社会"和不鼓励、限制性行为的"性否定型社会"，然后将各个社会的情况在这两极中定位，以此探究性文化的各种渐变。其中可以分类出各种特质的性文化，如对性行为既不提倡也不禁止的"性无感社会"或"性中立社会"，对性行为既提倡又禁止的"性态度矛盾社会"等。

在探讨人类性的多样性时，让我们进一步详细地看看"性肯定型社会"和"性否定型社会"。

"性肯定型社会"是指给性行为赋予较高的价值，提倡性行为的社会。在这样的社会中可以看到很多鼓励、促进和推动性活动的规范、信仰和态度。

一个典型的例子是波利尼西亚的曼加伊亚社会。曼加伊亚人认为，抑制性行为会对身体产生不良影响，当地男性有一种习惯，即通过改造生殖器（对生殖器进行整形、加工）来使性伴侣获得更大的满足感。而且，据说男性在结婚之前，一般会与10位以上的女性发生性关系。曼加伊亚的女性会选择最能带来性高潮体验的伴侣作为配偶。由此可见，曼加伊亚人对性生活持肯定态度，认为性具有较高的价值。

与此截然相反的是"性否定型社会"。在这样的社会中，性交被认为会导致心身衰弱，丧失创造性能量，阻碍经济活动。社会上存在由对性的忌讳而产生的各种规则，如禁止自慰，规定性交的时间等。

例如，在美拉尼西亚的马努斯社会中，性就被认为与宗教和超自然存在有关。因此，性被视为罪孽深重且可耻的行为。

不以生育为目的的性交被认为会导致疾病、死亡以及经济活动的失败等，前戏或者丈夫触摸妻子胸部的行为也是不被允许的。此外，夫妻甚至每天在一起吃饭，睡觉时靠近彼此，一起行走都会被视为不祥。

"性的乐园"密克罗尼西亚

人类学家须藤健一曾任日本国立民族学博物馆馆长，他关于密克罗尼西亚的研究广为人知。他在《母系社会的结构》一书中调查的地区被认为是典型的"性肯定型社会"。

正如书名所示，须藤在密克罗尼西亚的实地田野调查显示，这里与特罗布里恩群岛一样，同属母系社会。书中描写了密克罗尼西亚年轻人的性行为，除了"夜这"①的习俗，还描述了女性对生殖器进行改造这一特点。

在须藤进行田野调查地区的文化中，小阴唇延长呈飘摆状被视为理想状态。性交行为中的显著特征是不进行爱抚，即没有前戏。需要顺便一提的是，在相当多社会的性文化中，性交时是没有前戏的，东非地区尤为明显。密克罗尼西亚人倾向于更直接的性交。口交等口唇性交行为也存在，但通常只在性交

---

① 日文原文为「夜這い」，指日本古时男子夜里到女子家里私会，是走婚的一种形式。

过程中或夫妇被禁止性交时作为替代行为进行。

在密克罗尼西亚的一些地区，如萨塔瓦尔岛，人们喜欢采用被称为"锤式"的体位和侧卧式体位性交。所谓"锤式"，是指男性使用阴茎敲击女性的生殖器，女性被认为喜欢这种性交方式。侧卧式是指侧卧在床上进行性交的体位。此外，还有一种通过马绍尔群岛传入的被称为"直升机式"的体位，即由女性骑在男性的下腹部上并进行旋转。

尽管密克罗尼西亚拥有多种变化的性交体位和丰富的性文化，但在那里，已婚男女都被鼓励在特定时期进行"婚外性交"。换句话说，男女都被允许拥有情人，但这种关系必须隐秘维持。一旦被发现，当事人及其血缘集团（家族、氏族）都将受到社会制裁。

此外，密克罗尼西亚由许多岛屿组成，当客人沿着岛屿到访时，可能会受到性款待。客人被允许自由与该岛的女性性交。但是，对于已婚妇女，通常需要谨慎行事。

尽管须藤将这样的密克罗尼西亚社会称为"性肯定型社会"，但与此同时，他也指出这里存在着各种复杂的关于性的禁忌，男女在这个社会中似乎努力遵守着这些规定。

避讳性的基西社会

与须藤一样曾任日本国立民族学博物馆馆长的文化人类学

家松园万龟雄对肯尼亚的基西社会进行过研究。基西社会被认为与密克罗尼西亚社会相反，是"性否定型社会"。

基西社会人口约有 150 万，是以农业和畜牧业为主的父系社会。该社会文化中存在许多禁忌，例如不得说出与"排泄""放屁"相关的词语。而且，禁忌不单体现在语言方面，生活中在他人面前"放屁"也是不受欢迎的，人们有时会装作听不见。排泄行为也非常文雅，没有"站立小便"或"随行小便"的习惯。

"性否定型社会"的特征之一是，父母和子女之间也不允许相互展示裸体。基西社会的人们有着强烈的"羞耻"感。正如之前提到的，东非地区有很多性生活中没有前戏的社会，基西社会也是如此。换言之，这是一个厌恶混乱的两性关系，倾向于限制两性关系的社会。

由此看来，无论是基西社会，还是上文分析的特罗布里恩群岛或密克罗尼西亚社会，性文化特征可以说都与社会形态密切相关。

不同于母系社会的特罗布里恩群岛和密克罗尼西亚社会，基西是一个非常强调父系原则的社会。男女关系的背后是基于父系亲属关系的男性和嫁入女性之间的各种互动、交涉和博弈。

当地有这样的说法："如果看到了咖啡果（阴蒂的隐喻），男性就无法勃起。"这种说法反映了基西社会的性规范，即不允许观看或触摸女性的生殖器。于是，为了使阴茎保持长时间勃起，男性在实际行房之前会将真的咖啡豆含在口中。在这样一个强大的父系社会背景下，婚姻中的女性经常会遭受暴力，被强迫进行性行为。面对这种情况，她们会将类似阴茎形状的豌豆状洋槐树果实折成两半放入口中，这是一种祈祷男性阴茎萎缩的巫术。此外，女性还通过将自己的左右两侧阴毛相互搓合遮住性器官，表达不允许阴茎插入的意愿。

在基西社会，夫妻之间围绕性开展各种讨价还价式的交易。夫妻关系处于男女性交合带来的向心力与男女、姻亲之间冲突与敌意导致的离心力的交汇点。松园分析指出，性羞耻感和确认夫妻生育能力这两个相反方向的文化规定在新婚夫妻的床上构成冲突。

女性改造性器官的是是非非

迄今为止，我们已经看到了"性肯定型社会"和"性否定型社会"的典型例子。在这些社会中存在各种各样的性行为方式，但在这里，我想稍微详细地讨论一下在解释"性肯定型社会"时也提到过的性器官改造。

正如本章所看到的，性是由社会和文化塑造的多样性存在，我们的社会和文化可能在某些方面与其他社会和文化截然不同。有些社会对性持肯定态度，而有些则持否定态度。这其中包含了一些令人惊讶的元素。

然而，在这些惊讶之中，一些人从人道和人权的角度认识到这里存在令人担忧的问题，而他们往往会将这些文化特征本身发展成国际性争论议题。

　　经常被提及的问题之一是非洲社会中的女性割礼问题。女性割礼通常被称为 FGM（Female Genital Mutilation），即"女性生殖器切割"。这两个术语指的是同一现象。在文化人类学中，通常使用女性割礼一词，但在国际组织、国际政治或女性主义的语境中，通常使用 FGM 一词。

　　这种女性割礼的习俗，据说在以非洲为中心，包括中东和亚洲在内的 30 多个国家中保留。目前有一亿以上的女性接受了女性割礼 /FGM。

　　女性割礼 /FGM 是切除女性生殖器的一部分，改造性器官的一种形式，是少女成为成年女性的"过渡仪式"，背后蕴含着各种意义。它被认为是妇女多产性的象征，是构建女性身份的手段，原则上是基于父母或亲属的同意，由他人实施。具体而言，是通过切除阴蒂或缝合左右阴唇以封闭阴道口的方式进行的。

　　近年来，这种女性割礼 /FGM 受到了来自人道主义和人权主义的关注，批评者指责其成为各种疾病的温床并会导致残疾，谴责其为"男性对女性施加的单方面性支配"，广泛开展抗议活动。

　　正如第一章所述，文化人类学首先试图深入文化和社会内部，以内部视角思考文化和社会现象，并由此理解异文化。面对女性割礼/FGM 的问题也不例外。在评判其是非之前，我们首先要从当地的文化和社会语境出发，观察和思考当地人如何看待他们传统上一直存在的这种习俗，以及在实施割礼后，他们又是如何开展性生活的。让我们来看看在中东和北非进行研究的绳田浩志先生的调查报告。

在苏丹，女性在与丈夫发生性关系之前会准备一些香料。她们使用一种叫作迪尔的香膏，或者涂抹一种叫作胡姆拉的精油，以缓解阴道的疼痛，使女性更容易接受男性性器官进入。有时候女性还会焚烧熏香。这些文化被认为是由于女性割礼/FGM 的存在而发展起来的。换句话说，违背本人的意愿被割掉了一部分性器官的女性，之后会主动地对自己的性器官施加影响，积极地与丈夫一同进行性行为。

如果以切除作为性快感源泉的阴蒂，使女性处于性被动角色的印象来理解女性割礼/FGM 的话，可能会让人联想到一幅妻子一味忍让屈从于丈夫暴力性行为的画面。然而，"现实"似乎并不那么简单。因为女性通过将一些积极行为作用于自己的性器官，对性行为投入了大量的关心和注意。对于妻子来说，性行为不是男性单方面强加的，而是女性主动实施的。

对女性割礼/FGM 的反对和批判，从人道主义和人权的角度上看，具有重要的意义。然而，试图以脱离当地文化和社会内部语境的形式要求改变，未必不是一种一厢情愿的争论。文化人类学倾向于首先调查探索那些参与者在进行这些行为时的想法、感受，所处的社会关系，以及这些行为的意义，并在此基础上深化理解。

从男性性器官改造中看到的民主的快乐

可能会有些跑题，不过在介绍了女性性器官改造之后，我想继续谈谈男性的性器官改造。在此，我将介绍我本人研究调查的加里曼丹岛狩猎采集民族普南人的情况。

正如我在第一章中提到的，在普南社会中，"结婚"意味着男女性爱关系已经开始之后的关系的持续。在这样的普南社会中，性爱是怎样进行的呢？他们首先会在迎来第二次性成熟后不久开始寻找性交对象。然后，通过所谓的"夜这"（普南的说法是"pekakap"），开启男女之间的爱情关系。

男性会向女性约定，于午夜时分造访女性住所。在普南，夜幕降临时，蚊帐被悬挂起来，家庭成员在同一个蚊帐中入睡。随着子女成长，他们最终也会拥有自己的蚊帐。

普南的"夜这"并不是秘密进行的。女方的家人往往已经知道，或者已经察觉这种行为的发生。男方会在当天白天拜访女方的家人，与女方及其家人愉快地交谈。然后，女方家人会在一定程度上公开同意当天晚上进行走婚。与女方睡在同一蚊帐中的其他姐妹会在这一天晚上转移到父母或已婚兄弟姐妹的蚊帐中。

在如此进行的走婚中，一开始并不会立即性交。第一次可能只是调情，也有可能不进行性交。顺便一提，激烈的性交被形容为"从蚊帐中露出来"。

在普南社会中，人们认为精液必须射入女性生殖器，因此不会进行手淫行为（自慰行为）。

普南社会的男性会对性器官进行改造。有一种被称为"乌图恩·尼伊"[①]的东西，在龟头的左右两侧装有两根横木，可拆卸，也就是所谓的阴茎针。

父亲或兄弟等戴着这种"乌图恩·尼伊"被认为是很自然的，有时候是因为女性伴侣的要求而佩戴。然而，实际上是否佩戴通常取决于个人的选择。

一个普南男人告诉我，"戴上'乌图恩·尼伊'时，女人会感到舒服，女人感到舒服，男人也会感到愉悦"。似乎普南人认为"乌图恩·尼伊"这一道具不仅增加了女性的性快感，还提高了男性的性愉悦。因此，我将其称为"民主的快乐"工具。

可能会有许多人产生疑问，戴上硬横木插入女性体内，女性难道不会感到很痛苦吗？谈何愉悦呢？实际上，在插入时女性似乎确实会感到疼痛。对于刚开始性生活的年轻女性来说，这往往是危险的。

然而，这正是人类体验的奇妙之处。痛苦经常会转化为快感。对此，法国哲学家乔治·巴塔耶曾举例，在西班牙阿维拉

[①] 日文原文为「ウトゥン・ニィー」。

《圣特蕾莎的狂喜》
（Ecstasy of Saint Theresa）
拿破仑·法耶
（Napoleon Vier）摄
照片来源：
Wikimedia Commons

过着严格禁欲生活的修女圣特蕾莎，在痛苦中见到了神的幻象，经历了接触神的神秘体验。表现这一情景最著名的作品之一是意大利巴洛克时期的艺术家乔凡尼·洛伦佐·贝尼尼创作的雕塑，位于罗马圣马利亚·德拉·维多利亚圣母堂科纳罗礼拜堂的《圣特蕾莎的狂喜》。

此外，巴塔耶还提到过中国的凌迟。那是一种残酷的刑罚，记录中一位被捆绑在柱子上的年轻人在活着的情况下逐渐被割去身上的肉，最终死亡。然而，这位青年被注射了鸦片，因此他会翻着白眼，露出恍惚痴迷的神情。

通过施虐和受虐的行为来增强快感，即所谓的"施虐狂式的""受虐狂式的"性行为经常能够见到。普南人形象地说，"'乌图恩·尼伊'就好像添加了味精调味的菜肴，光有咸味已经不够了"。这是一种关于将痛苦转化为快感的比喻。

此外，"乌图恩·尼伊"不仅仅与愉悦快感有关，它还被认为是男性性能力的象征，同时也是男子气概的象征。

与死者交媾的仪式性性行为

目前为止，本章所述的性行为方式都是作为繁衍、满足欲望或快乐的手段。然而，人类多样的性文化中存在着不属于以上任何一类的性行为方式。那就是"仪式性"性行为。在此，我想以肯尼亚的卢奥社会为例加以说明。

卢奥的社会关系是以男性为中心的一夫多妻制，是一种父系氏族社会形态，男性的妻子们和每个妻子的孩子一起生活在被称为"达拉"的居住单位中。即使该男性去世，这个"达拉"也将被保持下去。

如果一位丈夫去世，成为寡妇的妻子将选择另一名男性成为丈夫的代理，建立性关系并得到经济和精神上的支持。这种关系就像夫妻关系一样，被称为"泰尔"（Ter）。代理丈夫被称为"贾泰尔"（Jater），与之交合诞下的孩子被视作已故丈夫的孩子抚养，作为以亡夫为中心的一夫多妻式"达拉"的成员一起生活。也就是说，一夫多妻式"达拉"被顽强地保留下来。

此外，在卢奥社会中，除了常规性行为，还存在"特殊性交"的习俗。特别是在东非地区，这是一种广泛存在的传统。

人们认为，如果在开始某件事时不按照特定的程序进行性交，就会招致疾病或发生受伤等不幸的事。这可以看作是某种形式的"仪式性"行为。

卢奥社会中的人们在结婚、生子等人生重要时刻，以及农作物丰收、建屋造房等场合，都会进行仪式性性行为。

人们相信如果怠慢了这种仪式性性行为，或者以错误的方法进行这种性行为，会给当事人及其家人带来疾病、人身伤害等灾祸。此外，在维持"达拉"的意义上，寡妇与另一名男性（"贾泰尔"）发生性关系在某种程度上是必然的。

在卢奥社会，即使年事已高的寡妇也要进行"守丧期结束后的特殊性交"（被称为"乔多·科德"）。如果寡妇在守丧期结束后没有进行这种"特殊性交"的话，那么当她去世时，是无法被安葬的。在这种情况下，人们会寻找一位男性与寡妇的尸体进行"乔多·科德"，即与死者发生性关系，这种现象被称为"奸尸"。

因此，卢奥社会认为这种遵循习俗的奸尸行为是正当的。这其中并不存在以生殖为目的或追求快感的欲望。这表明在人类社会和文化中，性不仅仅以繁殖和快感为目的，还包括了仪式性的需求。

有五种性别之多的武吉斯社会

在探讨与性相关的内容时，正如我们在 LGBTQ 运动中看到的，围绕性行为、性指向、性身份认同的各种运动和观点在今天变得越来越普遍。在本章中，我们考察了生物学中的性，以及各种人类社会和文化中的性，最后我想通过文化人类学中的案例补充一些对性别（gender）相关的思考。

一直以来，关注多样性文化的文化人类学在性别研究领域也有很多成果。这里的性别通常指的是在特定文化和社会中后天习惯性建构的"男性"或"女性"等性别特征，而不是与生俱来的生物学特征。文化人类学关注"性"是如何由每个社会的价值观规定的，从而探究男性和女性的社会角色。

即使在现代日本，关于是否承认同性婚姻的讨论仍然活跃。但是，正如本章内容所展示的，文化人类学通过田野调查和民族志，已经揭示了一些社会允许并积极推动同性恋的先行实例。

文化人类学告诉我们，在世界各地的不同文化和社会中，除了男性和女性，还存在"第三种性别"。

让我们以印度尼西亚苏拉威西岛的武吉斯人为例进行说明。武吉斯社会中不仅存在既不是男性、也不是女性的"第三种性别"，还有第四种和第五种性别。

在武吉斯，相当于第三种性别者的是被称为"calabai"的人。这个词的意思是"伪女性"，这些人在生物学上是男性，但会穿异性装（在这种情况下是女装），言谈与动作举止表现得像女性一样。但是，他们通常不接受变性手术。这些人往往从儿童时代就喜欢与女孩玩耍或给母亲帮忙。此外，在武吉斯社会,男性要举行割礼,手术时执刀者会观察孩子的生殖器,通过"可能会成为 calabai"等话语暗示、引导性认同的方向。从这个意义上说,"calabai"可以被视为 LGBTQ 群体中性别认同与身体生物学性别相矛盾的一类人,即所谓的跨性别者。

在武吉斯,人们喜欢举行盛大的结婚仪式,"calabai"会在婚礼筹备、烹饪、服务、歌舞表演等社会活动中扮演着重要角色,为婚礼增色不少。

因此,在武吉斯社会中,个体通过拥有"女性内心"的这种"性别自我认同"实现了从男性到女性的性别流动。或者可以反过来讲,在武吉斯社会中,"性别自我认同"成为决定个体性别的要因。

简言之,生物学上的性别是男性,且"性别自我认同"也是男性的话,性别(gender)就被认定为男性。性取向,也就是对其性吸引的对象是女性。反之,如果生物学上的性别是女性,"性别自我认同"是女性的话,性别则被认定为女性,性取向则为男性。

"calabai"是指生物学上的性别是男性,但"性别自我认同"是女性,性别被认定为女性,性取向为男性的人。

此外,生物学上的性别是女性,但"性别自我认同"是男性的话,性别会被认定为男性,性取向为女性。这类人被称为"calalai",被认为是第四种性别。

在武吉斯社会中，性别被认为是可以自由转变的。男性为了参与"calabai"主持的婚礼服务行业，可以选择成为"calabai"。但"calabai"如果决定与女性结婚并组建家庭，则可以选择回归男性身份。

武吉斯社会中的性别

生物学上的性别	性别自我认同	范畴	性别	性取向
男	男	男	男	女
男	女	calabai	女	男
女	女	女	女	男
女	男	calalai	男	女

在日本，经常会将生理性别和性别自我认同不一致的跨性别者称为"性同一性障碍"患者。作为解决之道，他们通常会选择进行不可逆的变性手术，被视为接受治疗的对象。

然而，在武吉斯社会中，性别被认为是可以互换的。一名男性可以在任何时候选择穿女装，展现女性的举止行为，从而立即进入"calabai"的社群生活。反之，如果想再次成为男性，只需回归男性的着装和举止，便可以选择以男性的身份继续生活。

此外，在武吉斯社会，存在将双性者视为"第五种性别"的现象。虽然我们无法确定这些人是否真的拥有两套性器官，但有男性通过穿女装，以宗教人士身份活动的例子。像这样穿着异性装，通常被称为"萨满"的人，在其他社会和文化中也普遍存在。关于这一点我们将在第四章详细讨论。

总之，与我们的社会不同，武吉斯社会允许自由改变性别。其实，这不仅存在于武吉斯社会，还是一种广泛分布在印度尼西亚及其周边地区、波利尼西亚等地的性别观念。

近年来在日本，以年轻人为中心，社会对 LGBTQ 的关注度非常高。但是，保守阶层依然希望延续传统的性别角色，保守派与变革派之间的分歧与对立正在加剧。然而，如果我们将目光转向世界，便会发现性别不像我们所想的那样僵化，在很多社会和文化中，性别都可以自由转变。

不远未来的性生活，是否能在宇宙中进行性生活

看了以上内容，大家有什么感想呢？仅仅从性这个角度来看，人类的文化和社会已经展现出非常多样化的形式。如此多元的性观念和性交方式似乎能一举打破现代日本关于性的讨论，给人留下深刻的印象。

通过了解如此多样且与我们自身不同的性表达方式，我们或许能够认识到自己是如何被狭隘的性观念所束缚的。在当今日本社会，以 LGBTQ 问题为首的性讨论中，关于某些难题（困境）的不同思考方式、不同接受方式，或者是不同解决方式，

也许能够为我们提供线索。

也可以说，性的表达方式在不同地域和时代一直发生着变化。例如，ZOZOTOWN[①] 的创始人前泽友作曾在国际空间站停留，引发了热议。自国际空间站建成以来，人类实际上已经开始在太空中居住。当人类离开地球时，性的表达方式也可能会发生重大变化。

是否能在太空中进行性生活是一个引人遐想的主题。事实上，目前已经进入太空的宇航员们在封闭的空间中长时间生活，其中出现"性"的可能性并非为零。然而，NASA 删除了所有与性有关的主题，从官方公告中我们无法获知有关太空中性生活的任何信息。在关于太空中的性这一问题上，俄罗斯似乎更为先进。目前，参与俄罗斯太空开发的私人公司已经开始探讨太空中的性这一主题。

美国私人太空旅行公司维珍银河公司宣布将在 2050 年提供太空蜜月旅行服务。各种分析普遍认为这其中存在两个主要问题。

首先，太空中的无重力或微重力问题。已知在这种环境下，人体将出现一系列变化，如骨骼变得脆弱，心脏活动减缓，红细胞和血容量减少等，这将对人体产生各种影响。因此，男女性交时也会出现各种问题。例如，在无重力（微重力）的环境

---

① 日本著名时尚电商平台。

下，男女无法固定体位，维持某个姿势。

其次，太空中不断降下的高能辐射，即所谓的宇宙射线，也会对人体产生影响，可能导致不孕。换句话说，在太空中人类能否繁殖生育依然是一个问题。

由于人口增长和气候变化导致地球环境恶化，未来人类可能无法在地球上生存。为了应对这一未来，人类已经开始推进向月球和火星移民的计划，但在那里，性和生殖问题可能仍然是一个巨大的挑战。

当人类离开地球，进入太空时，新的性文化可能会随之诞生。如此看来，性对于我们来说，过去、现在以及将来都将是一个持续存在的课题。

第三章

经济与共同体

从赠予和交换探讨人类的生活方式

本章将探讨对于人类的社会活动（以及生存活动）而言不可或缺的"经济"，以及由其维系的"共同体"。

我们平常会使用货币在商店购买生活必需品，例如食物和衣服，以及可以丰富、充实我们生活的物品，例如一些嗜好品。这就是货币与商品的交换。在市场上，货币可以交换任何物品。我们每天都会为了获得货币而劳动，比如去公司上班，或者去打工赚钱。我们通过劳动获得的等价报酬便是货币。然后我们再使用自己获得的货币交换其他物品，这便是经济活动在人类社会中的基本逻辑。

由此可见，"交换"是一个十分重要的经济原理。但交换并不单指人们赚取劳动的等价报酬，即货币，或者说金钱，人们通常用这笔钱交换自己所需要的商品，并以此谋生。

例如，有一种交换叫作"相互赠予"，即一方赠送礼物，另一方回赠礼物。最近经常见到一种说法叫"共享"，而相互赠予便是一种和共享类似的行为。

用自己的所有物与他人交换其他物品，或者直接赠予对方。这种行为和第一章阐述的婚姻关系以及血缘关系一样，在构建和维系共同体当中发挥着重要作用。本章将从"赠予和交换"的视角探讨"经济"活动与"共同体"之间的关系。

本章内容将从我曾长期与之共同生活的狩猎采集者普南人入手，基于我在普南社会当中的田野调查结果，以"赠予和交换"为核心，为大家讲述当时的见闻与所思所想。

狩猎采集者普南人的生活

我们现代日本人可能难以想象，如今的地球上依然有一小批人过着在自然中狩猎野生动物，在树上采集果实的生活。这种被称为"狩猎采集"的生活方式，在农耕和畜牧于公元前10000年前至公元前4000年扩散到世界各地之前，一直都是人类最主要的生活形态。

农耕和畜牧主要依靠人力栽培、饲养的农作物和家畜进行粮食生产，狩猎采集者则主要依靠一些工具（枪、弓箭、吹箭等）获取野生的鸟类、鱼类，或者采集植物维生。

我曾进行过田野调查的普南人，是一个生活在加里曼丹岛（分属马来西亚、印度尼西亚、文莱），人口约10000人的狩猎采集民族，或者说前狩猎采集民族。其中约有7000名普南人生活在马来西亚的沙捞越州。

严格意义上，我们没有证据证明，普南人将旧石器时期的生存方式一直延续到了今天。有一种说法认为，他们原先也是农耕民族，只是在某个节点进入热带雨林，从此才转化为采集森林资源的民族。不过，普南人与定居的农耕民族不同，有着游猎民族的文化气质，他们的行为和想法会让人不禁思考，这是否就是人类本来的面貌。

带着这样的预期，我从 2006 年开始在普南人的居住地进行田野调查。选择的地点位于沙捞越州的布拉甲河上游，那是一个有 500 多人半定居的普南人部落。我在那里住了整一年，从第二年开始，每年春夏两次再访，一直持续到 2019 年。因此，我与普南人共同生活的时间累计达到了 600 天以上。

生活在布拉甲河上游的普南人从 20 世纪 60 年代开始，按照沙捞越州政府的定居政策结束了热带雨林中的游居生活，迁移到沿河而建的定居地。20 世纪 80 年代后，他们在狩猎采集之外学会了烧林开荒的技术，并逐渐开始耕种水稻。然而，由于他们经常遭到鸟兽害，所以在 2000 年之后，丰歉年景不定，而且这种不稳定的状态持续了一段时间。因此他们主要还是依靠狩猎采集维持生计，在森林中过着半定居的生活。他们的生活方式有着游居的倾向。他们会在森林中建造狩猎小屋短暂定居，定居期间追寻猎物，采集果实和植物可食用的其他部分果腹，当周围没有食物后，就会移居到其他地点，建造新的狩猎小屋居住。

森林中的普南人狩猎小屋

灯下听神话

到了晚上，普南人会在狩猎营地燃起油灯。灯光下微微飘起一丝灯油燃烧的味道，我就是在这灯光下听到了不少神话和民间故事。对于没有文字的原住民社会而言，神话和民间故事讲述了他们世界的来源以及世间万物和各种现象的起源，展示了他们的世界观。比如说，普南人有这样一篇神话：

> 很久很久以前，小屋会自己走路。壁虎在河边让孩子洗澡的时候，小屋正好走过，一不小心把壁虎的孩子踩死了。壁虎很悲愤，用力殴打小屋的柱子，从此小屋就不会

动了。

这个故事讲述了一个曾经可以自己移动的小屋。由于故事设定过于离奇，普通人只听一遍很难理解这篇故事在讲什么。

虽然今天的普南人已经过上了半定居的生活，但是当他们在森林中建造狩猎营地时，还是会首选建造小屋。他们主要使用分叉的树枝，以藤蔓的纤维固定，建起精巧的小屋作为暂时的居所。前文提到，当周围缺乏食物时，普南人就会抛弃小屋，只带上随身行李移动到其他地方。因此当我和他们一起生活在森林中时，便能很直观地体会到什么叫作小屋自己在森林中走路。

当普南人舍弃一个狩猎营地时，他们会先派出一个先遣队，寻找下一个定居地。当大部队带着行李前往下一个营地时，先遣队会提前收拾好下一个地点，并建造一个和之前一模一样的狩猎小屋，因此给人的感觉就像小屋自己走过去了一样。这篇故事讲述的可能就是小屋这个事物给人们带来的直观印象。

会走路的小屋神话之谜

此外，在神话研究领域，这篇有关小屋与壁虎的神话通常可以被解释为当地文化自然而然的产物。

在世界原初的神话时代，包括动物、植物在内的世间万物都和人类一样具有"人性"。也就是说,这些事物都曾是人。从这篇普南人神话中也的确可以看到,小屋可以做出像自由行走这样类人的行为。不过当小屋被壁虎敲打后,就失去了原有的人性,变得不会动了。拥有人性的小屋本是一种原初性的文化事物,但是当它失去行走能力之后,就变成了一个自然事物。换言之,小屋与壁虎的神话其实就是小屋如何成为小屋的起源类故事。

考古学认为,直立行走解放了人类的双手,并由此带来咀嚼器官改变、大脑容量扩大等一系列变化,从猿人走向原人、从自然走向文化。而且,灵长类学也认为,人以外的灵长类动物也可以使用工具,或做出一些有文化性的行为,说明人性并不是人类独有的特征。这些观点认为,我们是在漫长的生物演化的过程中逐步掌握了类人的行为特征和心理特征,即获得了人性。

可见,我们的科学普遍认为人类会从自然走向文化。然而,这篇普南人神话却讲述了一个从文化走向自然的故事。其实不仅是普南人的神话,世界各地的神话当中也经常存在这种颠覆我们认知的世界观。

带来财富的屎壳郎神话

下面我再讲述一篇神话,这是狩猎归来的男人们讲给我的,关于一只滚粪球的屎壳郎的故事。这篇神话同样可以被解释为从文化走向自然。

> 屎壳郎曾经也是人类，并且很有钱。一天，当地正在举办一项体育赛事。这位有钱人赢得了比赛，但实际上是他在背地里贿赂了裁判。由于行贿这件事情败露，所以从那之后，这个有钱人就变成了只会滚粪球的屎壳郎。

这篇神话讲述了一位富人如何因行贿而变成屎壳郎的故事。故事同样体现了从人走向屎壳郎，从文化走向自然的特点，同时也给我们留下了"行贿就会变成动物"的教导。

这篇以动物为主角的起源类故事还有下文。屎壳郎虽说只会在地上滚粪球，但它却将粪球带到地下，并源源不断地将其变为"财富"，于是在地下过上了与之前别无两样的富裕生活。这篇下文体现了普南人的一个认知，即粪不只是污秽物，其中还包含着人类和动物吃下的植物种子，所以屎壳郎将粪球滚到别处后就可以长出一棵植物，成为孕育新生命的财富源泉。

慷慨大方的马来熊神话

有关马来熊的神话同样是一篇关于动物的起源类故事，讲述了马来熊为什么没有尾巴，同时也透露出对人类的教育意义。

从前，世界上只有马来熊有尾巴，而其他动物没有。其他动物很羡慕马来熊的尾巴，于是一个接一个地来到马来熊面前，请求马来熊把尾巴分给它们。马来熊没有丝毫不悦，慷慨地将自己的尾巴分给了每一个前来拜访的动物。最后，等到长臂猿来讨要尾巴时，马来熊的尾巴已经被分完了。所以如今只有马来熊和长臂猿没有尾巴。

这篇神话讲述了为什么只有马来熊和长臂猿没有尾巴，同时也教育我们要像马来熊一样胸怀宽广。这篇神话向我们传达的是对普南人而言最重要的一条社会准则——"不能小气"。

普南人希望人们像这只慷慨的马来熊一样，自己得到的东西，无论是什么都要毫无保留地与他人分享。

我每年春夏两次访问普南人的居住地时，都会为收留我的那位男性及其家人准备手表、腰包等礼物。不过，我带去的礼物很快便会被传到别人手里。有时是别人稀罕这些小玩意，问这家人要的，但有时也是这家人主动送给别人的。然后，得到这些礼物的人还会继续送给下一个人。

有一次我拜访一个森林深处的狩猎营地，在一位素不相识的普南男人手腕上看到了一块似曾相识的手表。很显然，这就是我送给寄宿家庭那位男性的手表。我送出去的手表很快便会被送到他的亲戚手里，然后他的亲戚又会送给别的亲戚，就这样一个接一个地传下去。

普南人不会独自霸占一份礼物。礼物会被送给那些需要的人，然后再被送到下一个人的手上。马来熊的神话便向我们讲述了这种在普南人社会中广泛存在的社会规范。

普南人的慷慨从何而来？

将自己收到的礼物心平气和地分给别人，这种社会规范是普南人与生俱来的品质吗？普南人生来就是慷慨大方的人吗？

恐怕未必。我来到普南人聚居地时，寄宿家庭的普南人告诫我不要在公共场合露出自己带来的礼物。他们担心，如果我摊开这些礼物，大家会凑上来将东西一抢而空，届时他们反而什么也得不到。

由此我们可以想象，把得到的东西变成自己的才是普南人的心声。然而另一方面，社会习俗却鼓励人们毫无保留地与他人分享物品，并在实际中坚决实践。可以说，普南人在某种意义上是在违背自己的本心，勉强遵守着分享即美德的社会共识或规范，不得已才会与别人分享自己的东西。

慷慨与占有欲之间的矛盾

一方面，社会规范要求人们要慷慨；可另一方面，人们的心里却有希望自己独占的欲望。有一件小事体现了这种普南人内心的矛盾。

一天，我随手分给一个普南人孩子几颗糖。这个孩子先是把一颗糖含在嘴里，小手紧紧握着剩下的糖。显然，他想独享这些糖。

旁边的其他孩子都向他投来羡慕的目光。可是，那个孩子没有把糖分给其他人。这时，他的妈妈来了。妈妈看到孩子想独占这些糖，便命令他将糖分给其他孩子。这个孩子先是露出诧异的表情，但最后还是按照妈妈的话把糖分了出去。

这件小事可以说明，普南人的这种分享即美德的慷慨精神不是与生俱来的。普南人自己心里其实也想独享这些糖，只不过大人们会训诫孩子们，不能独占得到的东西，而是要和周围人分享。于是，这种慷慨的行为规范才能扩散到整个社会。

年幼的孩子想独占自己得到的水果和零食，这是地球上随处可见的场景。我们所在的社会也是如此。不过，普南的大人们会先从孩子们的占有欲着手。他们会教育孩子们："不可以独占自己得到的食物，一定要分给身边的人。"

换言之，普南的大人们会命令孩子们"舍弃私欲"，以此抑制孩子的个人占有欲。人类并不是生来就有"分享"的概念。普南人所做的便是通过大人的教诲抑制人的占有欲，后天培养人的分享品质。这种教诲就像那个将自己的尾巴毫无保留地分给其他动物的马来熊一样，在神话中体现得淋漓尽致。

普南人不会说"谢谢"

那么，为什么普南人会将独享视为禁忌，强调要与旁人分享呢？

关于这一点，我稍后会详细说明。简单来讲，我认为这主要是身为狩猎采集民族的普南人在面对身边所有人时，会尽可能地去增加依靠自然恩惠获得的生存机会。

分享"现在"，就意味着"未来"一无所有时也可以得到其他人的分享。因此，只要定下这样的社会准则，所有人就可以相互帮扶，大家就都能活下去。

这种行为并不是以私人所有为前提的借贷。与大家分享自己的东西，这种"分享"的理念在普南人心中根深蒂固。

普南语中没有当人们得到什么东西时向对方说的"谢谢"一词，这个现象便很好地说明了这一点。取而代之的是，普南人在获得别人分享的东西时偶尔会说一句"Gian kunep"，直译是"一片好心"。也就是说，普南人会称赞分享东西给自己的人是"一片好心"，以此赞扬对方的慷慨。

普南人对平等的执着

本章开头提到，普南人是狩猎采集民族。他们只要想，无论老少都可以到森林里狩猎。他们在森林中狩猎须猪，然后吃它们的肉，或者拿须猪肉卖钱。其他人在抓到猎物后，只要能主动承担搬运猎物、砍柴、杀猪、做饭等杂事，就算不是猎人也能在卖钱的时候以家族为单位平分到一笔报酬。

我和普南人一起去狩猎的时候，会给猎人们买子弹。因此，我也能分到一笔卖掉猎物之后的钱财。我拒绝过很多次，但普南人总会反复要求我收下这笔钱。这就是普南人的行事风格。

同理，当他们自己享用须猪肉的时候，猎人不会因为击杀猎物而分到更多的肉，也不会分到大脑或睾丸等须猪身上最鲜美的部分。普南人十分执着于狩猎成员之间的平均分配。须猪肉会在众人的注视下被平分给参与狩猎环节的每一个人。

普南人不会因工作量的多寡或地位的高低而偏袒某些人。相反，他们会在分配工作中有意排除这些容易造成偏颇的因素。只要是这世界上存在的东西，普南人都会均等地分给每个人。总之，普南人的生活依赖于平分自己的或者得到的东西。

大家一起分享喜悦和悲伤

这种彻底否定个体间贫富差距的非私有制绝不仅限于物质上的所有，共享的对象还包括"精神"和"情感"等非物质的东西。

狩猎归来的普南猎人背着
一头须猪

比如说，当我和普南人一起生活了快一年，还剩几天就要
回国的时候，普南族的人们便开始把"好寂寞""好悲伤"等词
语挂在嘴边。后来每当我拜访他们时，都能从他们的口中听到
这种话。我就是在他们的这种行为举止中感受到了普南人独特
的情感表达。

普南人会在一个共同体中共享"悲伤""寂寞"等情感。不
仅是温柔的女性，还包括醉汉和年幼的孩子，大家都会齐声低
语着"好寂寞""好悲伤"。

我认为，前文提到的普南人从小对孩子占有欲的否定，便是这种"精神"和"情感"层面共享的基础。

"占有"的是非功过

既然普南人从小便会教育孩子不要有私欲，那么日本社会是怎么做的呢？这里我们比较一下普南社会与日本社会。

日本人承认孩子们的占有欲。当然，不同家庭的容忍程度会有所不同，但一般情况下，只要孩子说"我想要巧克力"，大部分家庭都会满足孩子。如果孩子说"我想要玩具"，一般的家长也会给孩子买玩具。

这种做法可以防止父母或其他人强行扭曲孩子们与生俱来的占有欲，让孩子自然成长。

反过来，普南人不会只给一个人买或分东西。他们不承认存在会产生占有欲的事物。我们时常会认为，像普南人这样生活在森林中的狩猎采集民族会过着更加自然的生活，但是从对占有和赠予的态度来看，反倒是我们采取着更加自然的生活方式。

普南人从小就会掐掉孩子们占有欲的萌芽，但日本人会任其野蛮生长。孩子们被父母等身边的大人承认了占有欲后，随着个人欲望的萌发，他们就会渐渐向大人提出更高的要求。

想要巧克力、想要玩具、想要手机、想要望远镜、想要笔记本电脑、想要摩托车……孩子们的欲望会越来越强烈。

在日本，个人可以占有的不止物质。孩子们会主动或被动地从大人那里获取"知识"和"能力"，并占有这些"知识"和"能力"。正是个人所拥有的"知识"和"能力"，才能让人找到自食其力的途径。

拥有育儿知识的人可以成为幼师、拥有法律知识的人可以成为律师、拥有飞机操纵技能的人可以成为飞行员。与普南人相比，这种肯定占有欲的思维方式会延伸为对私人占有"知识"和"能力"的肯定，最终构建我们的社会。

相反，普南人不认为"知识"和"能力"属于个人。这些"知识"和"能力"由集体共享，再由集体使用。

可以说，日本社会将"知识"和"能力"视为个体的排他性支配物，由后天教育传授，而普南社会则否定狩猎或捕鱼等"知识"和"能力"的私有性，强调家庭和集体中的共享以及共同使用。

日本社会可以由个人占有的事物中，包括"知识"和"能力"等非物质的东西。因此，拥有相应"知识"或"能力"的个体才会被选拔。反过来说，社会会筛选所有人，通过剔除那些不适合的个体，组建一个个能力出众的知识集团或技能集团。与普南人不同的是，竞争和选拔是我们社会的基本理念。

我们的社会正是在这种竞争原理的运作下不断产生优秀的人才，从专业性的角度不断磨炼人才的"知识"和"能力"。在个人方面，个体需要进行"纯洁而崇高"的努力，才能丰富"知识"、提高"能力"。结果便是优秀的人才能够获取与其"知识"和"能力"相媲美的报酬，从而积累个人资产。然后，个人就能获得物质上、精神上的幸福。

此外，有些人虽然为了获取"知识"和"能力"付出了相当多的时间与精力，却依然被社会视为欠缺这两者的人。他们被梦想中那条道路上的精英们无情抛弃。有时候，他们还会存在严重的心灵创伤。将"知识"和"能力"视作个人所有，其结果就是社会将按照"有能"和"无能"的标准，判断或评价每一个人。这种过度竞争带来的压力所造成的心理问题，直到现在还是我们的社会所面临的一大难题。

我们的社会承认人的占有欲，让个体占有的想法充斥着社会的方方面面，从个体的内心鼓动人们追求理想中的幸福；普南人的社会则抹杀了个体的占有欲，发展出所有人共享物品和知识、所有人共同生存的想法和做法。

个体占有与共享，这可能是一个过于粗糙的二元对立。哪怕我们承认这两种"所有"，也很难一概而论哪一个更好。不过，普南人的这种抹杀个体所有的欲望、强调分享的做法属于狩猎采集民族的共性，可以排斥竞争，打造一个对每个人都友好的集体。

慷慨大方的普南人首领

为了让共同所有的理念遍布社会的方方面面，或许普南人需要一个像马来熊的神话那样通俗易懂的故事。上文提到，马来熊把自己的尾巴一根不剩地分给了其他动物，最后导致自己没有尾巴。这篇神话中蕴藏着一条对于普南人而言十分重要的信息，即自己不要有所保留，慷慨地与他人分享才是最值得尊敬、最美丽的善举。

在普南人社会中，最经常与别人分享自己所得的人最受尊敬。这些人会不停地与周围的人分享，直到自己身边不剩一针一线。他们也最为朴素，看上去比谁都贫穷，因为他们几乎一无所有。

他们所得到的尊敬与他们的财产成反比。这种人会被称作"Lake jaau"，也就是英语中的"Big man"，即"大人物"，成为共同体的临时领袖。

这种领袖和发达国家那些身穿高级西装、戴着价格不菲的手表、坐着闪闪发光的高级轿车、心平气和地挥霍公款的领袖之间着实有天壤之别。

"赠予"让物品不断循环

和慷慨配套出现的交换与金钱和商品之间的交换不同，前者叫作"赠予"，后者叫作买卖。关于这种赠予的机制，这里我想引用一个在文化人类学中经常被提及的例子做进一步分析。

新西兰的毛利人认为，当礼物离开赠送者时，"赠予之灵"也会一起离开赠送者，毛利语将其称为"Hau"。因为 Hau 想回到赠送者的身边，所以接受礼物的人必须还礼，让 Hau 随着礼物回去。所以对于他们而言，面对赠予并不能只是单纯的接受，而是一定要还礼，"赠"和"还"会配套出现。

美洲大陆的原住民也会交换礼物，别人送来什么就一定要还礼。有一次，一位白人行政官员拜访一个原住民的村子，原住民们送给官员一根精美的管子。几个月后，当他们拜访白人的办公室时，看见办公室的火炉上摆放着他们送的管子。于是原住民感叹："白人不会还礼。不仅不还礼，他们还会把别人送的东西当作自己的东西摆放起来。这些人太不吉利了。"

美国原住民不会像这个白人一样把收到的礼物当作摆设，不会将别人送的礼物当作自己的东西，而是会让礼物流动起来，这样才能让"赠予之灵"和礼物一起传到下一个人的手里。"赠予之灵"会跟随别的礼物回到自己手里，又或是传到别人手上，总之要不停地流动。当"赠予之灵"不断流动时，这个世界就会在物质上变得更丰富，人们的心灵也会更纯粹。

资本主义认为将资本集中到一处，并投入某个项目，经济才能正常运转。如果大家的钱都被存在什么地方，那么经济就会陷入停滞，社会也会失去活力。

经济学家西尔沃·格塞尔（Silvio Gesell）曾就金钱与社会的关系指出："金钱必须老化并消失。"从这个角度出发，他在资本主义框架下提出了"自由货币"的概念。所谓自由货币，指的是一种盖有标价邮章、可以自由使用的货币，一个邮章有一周或一个月的使用期限。如果不在指定期限内使用这张货币，那么这张自由货币就会变成一张废纸、一张死钱。格塞尔希望以此促进货币的流通。顺便提一下，一位儿童文学作家曾经受到西尔沃·格塞尔的很大影响，他就是奇幻小说《毛毛》《永远讲不完的故事》的作者米切尔·恩德。

大萧条时期，澳大利亚有一个镇子陷入破产，镇议会基于格塞尔的自由货币理论，发行了一批只在当地流通的货币，最后成功地恢复了当地经济，让小镇重新焕发活力。自那以后，世界各国都纷纷引入区域货币，以促进货币循环，创造人与人之间的联系，进而激发社会活力。

在人们为了解决资本主义的问题而创造的区域货币中，我们也可以看到"赠予之灵"的身影正在不断寻求万物的循环。

黄喉貂的神话讲述领袖应有的资质

普南人的思想中不存在"赠予之灵"这类概念，不过他们同样手里从来不留什么东西，让礼物不断循环，就像存在"赠予之灵"一样。

普南人经常送礼物。他们不承认个人所有，这一点从原理上来说也可以和万物的循环联系起来。只要一个人舍得将自己的所得迅速分给身边的人，那么他就会成为普南族的"大人物"，在身边聚集一批尊敬其德行、仰慕其品质的人。他的话会得到这些人的遵从，会成为人们行动的动力。人们会按照"大人物"的命令去打猎，发生争执时也会在"大人物"的调解下平息。

如果"大人物"受个人欲望的驱使，试图独享自己得到的东西，并积累个人财富，那么他的话语就会失去凝聚力。不仅如此，那些聚集在"大人物"身边的人也会渐渐散去。此时的"大人物"将不再是大人物。普南人会再次聚集在那些愿意毫无保留地与他人分享的人物身边。

前文提到了普南文化中"一片好心"的概念，而"大人物"便是这种文化规范的代表。下面这篇神话便展示了一位普南人领袖应有的资质。

　　黄喉貂曾是这片森林的王。一天，黄喉貂命令人类砍倒一棵大树。人们砍倒这棵树后，黄喉貂又命令人们削去树皮。人们不知道这根木头要用来做什么，于是人们纷纷猜测："大王是不是要做一只独木舟？""大王是不是要做一个板子？"这时，黄喉貂来到人群当中，命令大家："给我做一个挖耳勺。"人们嘀咕道："凭什么让我们砍倒如此高

黄喉貂
照片来源：Wikimedia Commons

大的树，只为了做一根小小的挖耳勺？"后来，黄喉貂失去了自己的王座，变成了一种只会放臭屁的动物。

普南人有一句谚语叫"像黄喉貂一样放屁"，用来形容"臭屁"。

大王命令众人砍倒大树，却只为了做一根小小的挖耳勺，这个命令就像一个臭屁一样臭到了周围所有人。黄喉貂也因为愚弄了众人而失去王座，变成了一只放臭屁的动物。

这篇神话告诉我们，为了一个不起眼的小东西而大动干戈、砍伐巨树的黄喉貂完全没有做一位领袖的资格。

粪便的美学

虽然和普南人否定个体所有的习俗没有直接关系，但是既然上文提到了放屁，那么这里就不妨讲一讲普南人关于粪便的习俗。普南人平时会在丛林中找一片略微远离居住地或营地的"粪场"上厕所，避开他人的目光。普南人完全瞧不上州政府为了推行卫生政策而设置的厕所。这些厕所变成了普南人存放吹箭筒和步枪、从伐木营地里捡来的废料，还有脏衣服的仓库。

普南人路过粪场时，有时会讨论昨天谁吃多了、谁在闹肚子等问题。他们还会评价某些人的粪便："这人吃了那么多猪肉，屎臭得像熊肉一样。"他们基于多年的经验，基本上可以判断出这些粪便分别属于谁。有时他们还会表达一些视觉上的感受，比如"这个有点红""不对，那个更紫一点"。

这些遍布居住空间周围的粪便都会被狩猎营地的成员们看在眼里，成为大家评判的对象。粪便的气味和颜色就是成员们在饮食与健康方面的指标。

不刻意处理排泄物，任由排泄物散落在附近，是普南人的习惯。普南人坚持这种不卫生的做法，是因为灵长类以及过着游猎生活的人类其实并不怎么在意食物残渣、果皮、排泄物的去向。普南人对于排泄的这种习惯和他们的游居属性有密切关系。况且，狩猎营地附近的粪场也会随着营地的转移而被废弃。

随地大小便也有自然界的道理。距今 6500 万年前，当鸟类和哺乳类动物开始繁盛时，植物便愈加依赖动物散播种子。为了能让动物把种子带到更远的地方，植物进化出美味且营养丰富的果实。在热带地区，鸟类和哺乳类动物承担着撒播种子的任务。动物虽然会吃掉植物的叶子和种子，但它们吞下的种子会随着粪便排出体外，让植物完成传宗接代，这一终点关乎森林的生态环境。

有一次，我曾带着一对普南人父子到镇子上住酒店。酒店房间的卫生间里配有冲水马桶和淋浴喷头。

一开始，那位 15 岁的少年大开着卫生间的门小便，而且没有冲厕所。我猜测他可能不会用冲水马桶，于是就教他怎么冲水。我还告诉他，在镇子上大小便一定要记得冲水。第二天早晨，少年还是开着卫生间的门大便，于是我叫他关上门。少年只好乖乖关上了门，不一会儿便面色不悦地走出卫生间。

后来，我和他的父亲单独聊天时谈到了他儿子上厕所的事情。这位父亲表示，他们不喜欢在其他人用过的、阴暗狭小的密闭空间上厕所。这对普南族父子一定是在密闭的箱形空间上厕所时有了某种违和感。我想，他们可能很难理解为什么人们要在同一个密闭空间里上厕所。同时，我也意识到，为什么政府很难在普南人定居地推行固定厕所。

另外，在擦屁股的方式上，普南人对婴儿粪便的处理令我印象深刻。婴儿开始吃固体食物后就会产生粪便，而普南人当然没有尿布或尿不湿。当婴儿拉出粪便时，母亲会叫来那些狩猎能力不怎么强的猎犬（俗称笨狗），让狗舔干净婴儿的肛门。当狗舔舐婴儿的肛门时，婴儿会又痒又舒服，手舞足蹈地发出欢快的大叫。

当婴儿成长为幼童后，大人会让他们从干栏式房屋的木板缝隙之间排便。然后，母亲会用流水或湿布帮他们弄干净，或者让孩子自己用木棒或树枝把肛门上的粪便挑干净。等他们再长大一点后就能学会自己用木片擦屁股。

普南人的这种擦屁股方式在印度和东南亚非常普遍。通常他们会带着开山刀钻进丛林，蹲在倒木的树干或枝丫上排便。

关于"没有"

普南社会中没有厕所。明明该"有"的东西却"没有"，这种落差也是文化人类学家在田野调查时经常碰到的事情。下面我想就这个话题展开聊聊。

上文提到，普南语里没有"谢谢"，普南人也没有心理疾病。现代日本社会有很多人身患抑郁症、PTSD 等心理疾病，而普南社会中没有人患有精神病或心理疾病。虽然我们对于这个结论应再慎重一点，但至少在我和普南人共同生活的 600 多天里，没有见过一个普南人像是患有精神病或心理疾病的样子。

假如这是真的，那么为什么他们不会出现心理问题呢？正如普南语里没有"谢谢"一样，他们的语言当中也没有表示精神病或心理疾病的词。

普南人不会独自烦恼，一个人东想西想。或者说他们就没有独处的时间和空间。他们的身边永远有别人，总有人会在乎其他人。可以说，普南人的个体已经完全融入集体，甚至没有思考烦心事的余地。如果猎人带回一只须猪，其他人即便是半夜三四点也会被叫起来吃饭。可能正是这种习俗导致了普南人"没有"心理疾病。

普南语中的道路叫 Jalan，这是来自印尼语、马来语的外来词。也就是说，普南语中原本没有表示道路的词。钻入丛林时，他们会砍断灌木的枝条，开辟出一组足迹，这就是他们口中的"路"。他们把这种"路"称作 Uban。

当他们追寻猎物时，这些足迹会连成一条线，形成类似路一样的东西。但他们不把这叫路，而叫足迹。当然，他们也不觉得动物踩出来的路叫路。

热带雨林的树木十分繁茂，人和动物留下的足迹很快便会消失得无影无踪，所以普南人不会觉得这种东西叫路。也就是说，因为森林里面没有路，所以他们没有路的概念，或者说他们对路的概念和我们不一样。对于普南人而言，道路这个词专指伐木公司或州政府铺设的道路。日语权威辞典《广辞苑》对路的定义是"人或车往来通行的地方"，可能从这种意义上而言，丛林当中的确没有可以被称作路的东西。

那么，在没有路的丛林中，普南人是如何确定位置和方向的呢？普南语中没有表示方位的词语，也没有东西南北、东北、东南、西南、西北等词。他们不会用这些概念认识空间。

普南人会用"山""河"与"上""下"的组合来表示自己所处的位置。比如从河边爬上山，在山上走一圈后再下山回到"原来"的河。他们会通过水流的方向和海拔的高低确定自己的位置。如果一个普南人爬过一座山，走到下一条河，然后又爬上一座山，那么当他返回的时候，他会先跨过那两座山和一条河，再回到最初的那条河。

普南人只会朝着目标走直线，大多数情况下这个目标就是猎物。不过，森林中也的确没有什么必须前往或不得不设为目的地的地方。

一次，我与一个普南人家庭来到镇子上。镇子上有三条平行的大路。于是我告诉他们："中间这条路的中间就是酒店，如果你们出门后找不到路了，就这样记。"

然而，这家的大人告诉我："你这么说我们还是听不懂。"还有一个人问："你告诉我们河在哪里，上游和下游又在哪里？"于是我们只好先走到镇子旁边的河岸，确认了河的位置。普南人似乎没有从高空俯视地面，以这种视角确定自己方位的想象力。

由此可见，当文化人类学家长期生活在某片陌生的土地，一边融入他们的习俗一边观察时，往往会出现这种"该有的东

在狩猎小屋一起享用西米淀粉和小菜的普南人

西却没有"的奇妙体验。这些体验也往往会是文化人类学家探究一个事物或现象的线索。

没有，即"不存在"，这是一个撼动灵魂的根本性问题。"没有"一词的程度不像"不一样"那样轻描淡写。夸张点儿讲，"没有"说明我们平时耳濡目染的事物和概念本身消失不见了，这是一件火烧眉毛的大事。

"赠予之灵"的精神带来的普南式无政府主义

前文提到，"没有"或"不存在"是一件火烧眉毛的大事，但是当我们从更广泛的视角观察普南人时，便会发现，他们正如许多原住民族群一般，是一群"没有"国家的人。政治学将这种没有国家的社会形态称为无政府主义。

本章也提到，普南人的领袖会把自己的东西全部分给别人，自己却什么也不留。"大人物"就像普南神话中的马来熊一样，慷慨地将自己的东西分给身边人，他们就是这种文化规范的代表。普南人在面对他们的文化中不存在的国家体系时也会遵守这种文化规范。这便是普南式的无政府主义。

普南人与国家的直接接触可以追溯到 20 世纪 60 年代，当时的沙捞越州政府开始针对身为森林住民的普南人实施定居化政策。沙捞越州政府继承了英国直辖政府为了开发森林而推进的土地法改革等措施，他们希望这些在森林中游居的普南人可以定居在河边的冲积平原。政府并没有强制要求他们迁移，而是通过行政负责人的走访和协商来推进这项工作。

州政府为普南人准备了定居的土地，在定居地周边的烧荒农民的帮助下教会他们耕种，还为他们建造了定居的房屋。行政部门对普南人的态度和平且友好，因此普南人将当时的行政官员称为"Bage"（朋友）。后来，当地开始了商业性的森林开发，州政府在他们与伐木公司的赔偿谈判中也起到了重要作用。

今天，由于普南人的定居地离州政府中心较远，因此相当于是一块"法外之地"。伐木道路在森林周围纵横交错，交通规

坐在四驱车的货箱上去打猎的普南人

则也采用的是更加适合木材运输车的"规则"——为了方便木材运输车通行,不同道路会根据当地条件来决定是左侧还是右侧通行。

普南人依靠森林开发和建造水力发电大坝得到的赔偿金购买了四驱车,汽车被划在附近原住民的名下。由于普南人几乎没有接受过学校教育,所以他们都不识字,也无法考驾照。于是他们向附近的原住民支付了一笔好处费,贷款买了这辆车。

普南人在定居地附近开车基本上不会出问题,起码他们自己是这么认为的。这些"无证驾驶"的普南人司机很忙碌,因为他们既要接送附近的原住民去种植油棕,又要送猎人去打猎。

我也曾几次坐着普南人开的车走过这些伐木道路。当时，路的前方突然钻出一只鼷鹿，我以为普南人司机会急刹车，没想到他居然把鼷鹿当成了猎物，猛踩油门。他临时起意想撞死这只鼷鹿，可惜在就差一两米的时候，这只鼷鹿跑开了。

我还记得，有个普南人司机在看到前面有松鼠时赶紧踩油门压死了它，然后立马下车，把压死的松鼠揣进兜里，笑着说："这就当小菜了。"他们把汽车当成了狩猎工具。这些狩猎采集者——普南人会用汽车追踪猎物，可见他们的无政府主义世界观与一般国家制定的法律大相径庭。

基于分享精神的普南式思维在选举时表现得更为显著。每到州议会选举时，参选的议员候选人和助手们会带着补助金来到普南人的定居地拉票。普南人当然也有选举权。加里曼丹岛上的其他原住民如卡扬族和肯雅族中，还有强力的本地原住民议员候选人。

候选人访问普南族时会事先通知他们走出森林，回到定居地。普南人为了钱，基本上都会参加这些集会。等到议员候选人离开村子后，收到补助金的"大人物"会在众人面前平分这些钱。发下去的现金会在当天被普南人花在村子的杂货铺里，换成香烟、酒水、白糖、味精、零食，以及孩子们想买的东西。因此，议员候选人离开后的杂货铺总是生意兴隆。

普南人的投票方式很简单。他们会投票给发钱发得最多的候选人。按照他们的文化规范，发钱最慷慨的候选人就能得到最高的评价。

对于普南人而言，选举的评判标准根本不是什么开发计划或政治理想。最能遵守"不能小气"这一文化规范的人才能像普南人的"大人物"一样，成为众人最信任的人。议员候选人们在竞选期来这里展开金钱攻势时，这一点最受普南人的重视。

从普南人在选举和投票时对慷慨程度的重视中也可以看出，类似"赠予之灵"的这种精神所发挥的作用。无政府主义者经常会畅想一个基于互帮互助的自治精神而建立的共同体，其根基便是"赠予的精神"。由此可见，这些被国家囊括其中，却又有着与国家思维截然不同的规范和逻辑的普南人，可谓是一群潜在的无政府主义者。

思考循环型社会的未来

本章以我在田野调查地收集的有关狩猎采集者普南人的情况为例，从赠予和交换的角度，介绍了他们在政治、经济上的行为模式与共同体的运作方式。我相信许多人都感受到了他们与大家习以为常的现代日本社会之间的巨大差别。

虽然重复了很多次，但这里我想让话题再次离开普南人，回到我们的社会。我们的社会拥有高度发达的科技，生产并消费了大量的东西，甚至制造出大量的废品和垃圾。过度的消费和废弃造成了资源的枯竭与环境的污染和被破坏，这使得我们迫切希望今天的社会可以转型为高效率、可持续利用资源与环境的"循环型社会"。

日本于 2000 年颁布了《循环型社会形成推进基本法》。2021 年，环境省、经济产业省、经济团体联合会结成了"循环经济伙伴关系"。其中的关键词是 3R，即"Reduce"（减少废弃物）、"Reuse"（再使用）和"Recycle"（循环利用）。这种想法依然以今天的资本主义体系为基础，以延续我们的生活方式为目标，其根本并没有什么改变，我们也绝不能说这种做法没有问题。但不同于以往的单纯反思，这种做法目前正在切实带领我们迈向循环型社会。

普南人长期以来都在推进循环型社会。为了让所有东西都循环起来，普南人通过他们孕育出的文化后天培养了"慷慨"的性格特点。我们在第一章中看到，将乱伦禁忌规范化，通过在某一群体内禁止独占女性，制造"女性交换"，可以在多个群体之间构成巨大的循环网。普南人的"慷慨"也是如此，可以促进、加速赠予的实现，最后在循环中让送出去的礼物回到自己身边。

不仅是普南人，被文化人类学列为研究对象的许多原住民族群都依靠这种基于赠予的"经济"维持自己的共同体。本章也提到，可以被共享的不仅仅是物质性的东西，还包括"知识"和"能力"等资质。

这些共同体剔除了个体所有，让所有东西都加入循环当中；我们赖以生存的新自由主义社会则是基于市场原理，这两者之间存在很大不同。过度的能力至上主义与社会竞争，由此产生的贫富差距与社会撕裂，也许这就是普南人想极力避免的个体所有所带来的结局。上述问题又和过量生产、过量消费、过量废弃等当代社会问题密切相关。这些问题就好比温水煮青蛙，其中暗藏着威胁我们人类生存的危险。

希望每当我们想到社会借助经济体系所获得的好处以及其中存在的问题时，可以想起普南人等原住民的文化，以及他们所孕育的共享精神。因为其中可能就隐藏着这些问题的答案。

第四章

什么是宗教?

人之所以为人，"宗教"不可或缺

在讨论了"性"和"经济与共同体"之后，我想在这里谈谈人类生活中另一个不可或缺的事物——"宗教"。然而，一提宗教"不可或缺"，可能就会有很多人表示疑惑。

随着科学的进步，理性的思维逐渐普及，许多人认为神、佛，甚至死后的世界或类似咒术的神秘事物是不合理且荒谬的。近年来流行的《鬼灭之刃》和《咒术回战》，其中的鬼怪和咒术就被视为虚构世界的元素，与人类的实际生活毫无关系。

然而，"宗教"是否真的非理性且荒谬呢？在现代生活中，它是否不必要呢？

我的观点是，宗教以及与宗教相关的仪式、咒术等，恰恰是人类之所以为人类所不可或缺的文化性思维和行为，也是为维系社会团结和社会关系做出巨大贡献的社会框架之一。

它是使人成为人，使人能够为所处的生存世界确立秩序，并认识这个世界的方法。即使对现代人而言，其中也包含了各种生存所需的智慧。

本章将通过对仪式、咒术等具体行为的重新审视，来思考"宗教"这一主题。

为什么要举行毕业典礼

为女性主义和性别的讨论带来重要影响的美国文化人类学家玛格丽特·米德（Margaret Mead）在介绍自己对文化人类学研究的思考时曾经谈到，在美国大学的毕业典礼上，学生会穿着学位服，戴上学位帽，她自己也在大学毕业时经历了这个过程，但她意识到这一过程存在奇异之处，随后通过学习文化人类学，重新思考了这个问题。

在毕业典礼中，每个人都以几乎相同的装束出席，聚集在特定的地点，被告知"你们从这所学校毕业了"。然后，学生们抛起学位帽，就毕业了。米德说她曾思考过这究竟是什么意思。

其实只要取得规定的学分，就能毕业，那为何要特意举行"毕业典礼"这样的仪式呢？举行典礼需要花费不菲的金钱和大量时间。即使如此，人们依然要花钱花时间，大费周章地举办毕业典礼，只有参加了毕业典礼，才算真正毕业，这是为什么呢？为什么要通过这种方式来决定"毕业"，人们为什么要这样做？这些带有人类学家研究意识的问题徘徊在米德心中。

尽管毕业典礼只是一种仪式，但它是在文化中形成的规范行为。在某个社会或文化中，如果存在固定的做法，这种行为或举动在文化人类学中就被称为"仪式"。

关于仪式行为，一个常被提及的例子是，日本人在进家门时会在玄关处脱鞋。这在日本文化中是一种相当固定且共识度较高的程式化行为。在脱鞋时，可能会有人觉得如果不是从右脚开始脱，就会不舒服，存在类似这种先脱右脚还是左脚的个人纠结。然而，无论如何，日本人进家门时都要脱鞋。这是日本文化中以规定的方式进行的一种仪式行为。

但是，当追问为什么要这么做，为什么要固守这种做法时，却发现其中原因很多时候是我们自己也想不明白的，只因一直以来都是这样做而传承下来。正是由于这一自然而然的形成过程，它才成为"文化中固定的仪式化行为"。

作为一种仪式性行为的问候

让我们更详细地研究一下脱鞋这个行为。进家门时脱鞋这一行为，本质上究竟是在做什么呢？一般而言，大概应该是在强调区分家"内"与"外"的重要性。想通过空间去区分"内"和"外"时，家作为建筑物就实现了这种区分功能。玄关是屋子与外界的分界处，是内外相连的地方。换句话说，玄关也是屋外事物最容易进入屋子内部的地方。因此，脱掉鞋子，明确区分内外，就应在这个玄关处进行。

区分内外的特定仪式性行为并不仅仅只有脱鞋这一项，其他许多仪式性行为也有类似的功能。例如，当从外面进入家门时，日本人会互相问候打招呼。从外面回到家时说"我回来了"，家人回应"欢迎回来"。外出时会说"我出发了"或"我走了"。到别人家拜访时会说"打扰了"，离开时会说"告辞了"。由此可见，在跨越内外界限时，这种通过语言表达的问候也是一种仪式性行为。

问候并不是一种传递新知识或信息的行为，但考虑到内外有别的性质，通常来说，从外部进入的人可能会对内部的人产生某种影响，甚至可能带来不好的事情。因此，问候是一种表明没有敌意的行为，也可以说是表达尊敬的举止。

使用语言以维持社会关系和人际关系，认可对话伙伴，缓和彼此之间关系，在语言学中被称为"寒暄交谈"[①]。实际上，并不是所有语言都有这种使用习惯。在很多语言中，没有类似"我回来了""欢迎回来"这类作为日本仪式性行为的问候语。

关于这一点，典型的例子是在巴西亚马孙地区生活的原住

---

① 日文原文为「交感的言語使用」。

民皮拉罕人的语言。在他们的语言中没有类似"谢谢""对不起"的词语。他们没有用于"寒暄交谈"的语句，他们的语言是由寻求信息、传达新信息或发出命令等方面的语句构成的。例如，"男人到上游来了"这样传达新信息的语句是存在的，但没有类似"谢谢""不客气"的"寒暄交谈"用语。取而代之的是，他们使用"这就够了"或"这样没问题"这类表达来表示"交易成立"。

研究皮拉罕人语言的语言学家丹尼尔·L.埃弗里特（Daniel L.Everett）曾回忆，当他接触到这种皮拉罕人的语言时，想起了自己学葡萄牙语时曾被巴西人说："美国人说太多'谢谢'了。"

问候的语句往往有对应的举止行为，比如，日本人之间常见的鞠躬，欧洲人之间常见的握手和拥抱。新西兰原住民毛利人在见面时习惯彼此碰下鼻子，这就是他们的问候方式。美国人类学家、艺术家托比亚斯·施尼鲍姆（Tobias Schneebaum）记录了南美洲某个原住民部落的习俗，那里的男性在日常生活中几乎保持裸体，老朋友见面时会互相摩擦睾丸，以此作为问候。

总体而言，问候是通过语言、动作和姿势来传达心意，表示自己没有敌意的行为。与传递特定含义或信息的行为不同，问候通常以形式化的方式进行。这种行为等同于仪式。

时间是如何被体验的

从内到外、从外到内的过渡一般存在于空间上，但在仪式中，正如我们在第二章所介绍的，桑比亚社会为使男性获得阳刚之气而进行的仪式那样，也存在一个"过渡"的层面，即时间的要素。通常情况下，我们会认为对时间的感受是普遍一致的。我们可能认为日本人在东京的时间感受，与普南人在加里曼丹岛的时间感受，以及皮拉罕人在南美亚马孙的时间感受相同。

然而，时间的体验在各种文化中相当不同。这种差异可以通过每种文化当中的"过渡仪式"来理解。就结论而言，我们往往通过仪式来划分流动中的时间，从而有序地体验时间。为了便于说明，让我们利用对季节的感受来理解这一点。

例如，日本有春、夏、秋、冬四个季节，时间被划为四段，分属四个季节。当然，每个季节都有温度、气候以及动植物的变化，这些变化让我们知道每个季节的到来。然而，大自然并没有某段时间是春天、某段时间是夏天的规定。

人们往往在樱花盛开时感受到春天（一般认为过去日本人会在梅花开放的时候感受到初春，但在现代的感受中可能还是樱花），之后经历多雨的梅雨季节，感受到暑热和湿度，意识到夏天的来临。盛夏过后，稻穗垂头，庄稼丰收，由此人们感受到秋天，然后在天气逐渐寒冷、干燥以及下雪的时候感受到冬天。

寒冷的季节到来，天气逐渐变暖，炎热的季节到来，天气
再次变冷。这种循环原本只是四季的轮回更替，但日本人通过
感受这种自然的变化，人为地对寒冷的冬天和炎热的夏天进行
了区分。

换句话说，季节是基于人类感觉和经验的一种人为划分。
然而，由于这种划分显得太过自然，其背后的人为性不知不觉
便被遗忘，仿佛这种划分本来就是天然存在的一样。

关于时间，我们可以用同样的逻辑来解释。我们通常认为
时间会以一定的形式流逝，比如一小时、一天、一年等。而且，
在表达时间的流逝时，我们也会说"过了十分钟""一小时过去
了""两天过去了"等。然而，就本质而言，如同季节一样，时
间的流逝也并没有一定的形式。我们不能直接触摸、测量或比
较时间。

时间原本是一个没有间断的连续体

要理解时间的本质，有一部非常合适的电影，即由汤
姆·汉克斯主演的《荒岛余生》(*Cast Away*，2000)。

由汤姆·汉克斯扮演的主人公查克·诺兰是一名联邦快递
公司的系统工程师，每天都在争分夺秒地工作。查克有一个未
婚妻。他在向未婚妻承诺很快回家后，登上了货机，但遭遇风

暴，飞机坠毁。作为唯一的幸存者，查克漂流到南太平洋的一个无人岛上。在这个没有钟表和日历的无人岛上，他尝试记录时间的方法是在岩石上刻下度过的日子。

于是，查克逐渐适应了无人岛的生活。他给排球起名为威尔逊，每天像对待朋友一样与之交谈，努力勇敢地生存下去。经过 4 年的时间，他终于靠自己的力量制成木筏，离开了岛屿。在尝试逃离岛屿的过程中，他唯一的朋友威尔逊被冲到了大海的另一边，致使他度过了一段充满失望的日子，但最终他被经过的一艘船只所救，踏上盼望已久的回国之路。然后，他去见当年的恋人，发现恋人已经与其他男人结婚了。

在电影中，查克在岩石上刻下度过的日子，以此记录岁月的流逝。原本日期就应该是这样由人类决定和使用的。然而，现代人明明是看到自己制作的时钟指针移动进而感受到时间的流逝，却总是相反地认为是时间的流动在推动时钟指针。此时此刻，人类通过在岩石上刻标记，制作日历、时钟等方式为本来无形的时间确立单位标准和先后顺序，这一人为设定时间体系的事实似乎早已被彻底遗忘。

因此，当时钟的指针停止时，人们会产生时间未曾流动的错觉。例如，在图书馆阅读书籍时，如果阅览室的时钟停止了，将会怎样呢？如果一个人看到那个时钟，并不知道时钟已经停止，也许他就不会觉得时间过去很久。就像这样，人们逐渐变得没有计时时钟便无法感知时间的流动。在某种意义上，我们可能已经成为时钟的奴隶。人类被自己创造的体系和制度所束缚。

时间原本是一个"没有间断的连续体"。从本质上说，时间是混沌的，通过对这种没有形状的连续体以固定间隔进行划分，我们才能认识时间。不仅时间如此，我们也通过对身处其中的世界进行各种人为的区别和分类，来认识这个世界。

正是通过这样的方式，时间被认为是与个体无关的存在。因此，每个人似乎都是在这连续流动、从不间断的时间长河中诞生和退场。然而，人类所能认知的"时间"其实只是人为创造出来的概念。

我们经常倾向于认为时间本身是普遍存在且无法撼动的事物，但我们认为无法撼动的其实只是我们使用的时间体系，而并非时间本身。尽管时间体系是由人类自身创造的，但它被经验化为一种无法被人类操纵的坚固的存在。

总的来说，由于人类不能体验和感受混沌状态本身，因此只能通过一些特定的，甚至可以说是荒诞的仪式性行为，与我们自己创造的时间体系相协调，以此体验和感受时间。换句话说，"人生大事仪式"本质上是将从不间断的时间长河从混沌状态划分出几个阶段，使人能够认识时间的行为。

我们的生活依赖仪式

当谈到划分时间的仪式时，我们只需思考一下人在生命中关键时刻进行的过渡仪式，即贯穿整个人生的"人生大事仪式"，便很容易理解。人生大事仪式是指在一生中几个重要环节或特定时期进行的仪式。

人类经历的生命阶段包括：胎儿、婴儿、儿童、青年、壮年、中年、老年、死者。这些范畴在自然中并不存在，它们是根据人类各自社会和文化的需求，人为创造出来的。

日本过去曾经认为 12~16 岁是成年的年龄，应在这一时间段举行元服之礼。然而，现在成年仪式在 20 岁举行（从 2022 年 4 月开始成年年龄又改为 18 岁）。在过去，孩子很快就会成年，而现在相同的年纪仍然可能被认为是儿童。恐怕在从前是不存在青少年一说的。

研究法国中世纪和近代早期的非职业历史学家菲利普·阿里埃斯（Philippe Ariès）在其著作《儿童的世纪》一书中指出，直到中世纪，欧洲都没有"儿童"这一年龄段划分。我们通常认为的儿童在中世纪欧洲被视为"小大人"，他们生育子女后才被认为完全成年。阿里埃斯认为，欧洲诞生"儿童"这一年龄段划分是 16 世纪以后的事情。生命的年龄段划分并非大自然中本来就存在的，而是人为设定的分界线，因此根据时代、地域的不同，类似"儿童"与"青年"的区分可有可无。

时间流

胎儿→婴儿→儿童→青年→壮年→中年→老年→死者

人的一生

不过，一旦这种划分被确立并正式化，我们便会在不知不觉之间忘记它们是人为创造的。然而，正如时间本质上是一个没有中断的连续体一样，人类的一生本来也是一个不存在间断的连续体。

如此看来，人生大事仪式实际上是将混沌状态中的人生划分出阶段，标记从婴儿到儿童、儿童到青年、青年到成年的每个标志性过渡节点的仪式。这意味着人从一种状态进入另一种状态，从一种身份地位转换为另一种身份地位，因此，人生大事仪式也被称为"过渡仪式"。

缺乏时间感知的普南人

我们刚才提到，时间本质上是一个没有间断的连续体。人类根据所处的社会和文化，通过实施各种仪式行为，创造了时间体系，为混沌的时间制定先后顺序，使我们能够体验和感受时间。当然，由于这是人为进行的，所以不同文化的时间体系也会有所不同。

例如，我的田野调查对象，狩猎采集民族普南人，似乎缺乏对时间的感知，几乎没有时间观念和意识。这可能是因为他们的生活已经和作为生计的狩猎采集活动紧密结合。

现代日本人无论是学生还是社会人士，都时常会感到时间紧迫。然而，狩猎采集民族几乎不会有这种感受。他们居住在丛林中，狩猎眼前的动物，以此为食物生存，这里只有相对时间。他们几乎意识不到我们通常感受的绝对时间。普南人完全不必像我们一样担心一周后的考试，或者一个月后的交付截止日期。

我们很容易误解，认为人类在狩猎采集生活时期，总是担心食物短缺，匆忙地进入森林寻找猎物。然后，随着农业和畜牧业的出现，人类开始储存食物，对饥饿的忧虑才有所缓解。我们可能都抱有这样的"进化"历史观。

美国人类学家马歇尔·萨林斯（Marshall Sahlins）揭示的事实却是狩猎采集民族进行狩猎和采集的时间实际上非常有限，大部分时间是在休息中轻松度过。然而，一旦步入农业和畜牧业生活，人就需要全天候照顾农作物和牲畜，反而变得更加繁忙。狩猎采集民族每次只要狩猎足够提供所需卡路里的猎物即可，因此不需要"工作"太久。萨林斯认为石器时代人类的狩猎采集生活才是"原初富饶社会"的生活方式，这一观点颠覆了我们的认知。

这种说法在某种程度上也适用于狩猎采集民族普南人。对他们而言，没有工作日和休息日的区别。我们通常会在工作日上学或工作，过去只有星期天是休息日，现在则已经进入每周休息两天的时代，甚至近年来还在讨论是否要改为每周休息三天。然而，对于普南人来说，劳动时间和休闲时间并没有像现代社会那样明确分开。他们从事狩猎采集的时间几乎与其他时间无缝衔接。

对于狩猎采集民族普南人来说，他们没有像农民或牧民那样理解农作物和动物随时间而生长的感觉。即使调查谱系关系，他们也只记得祖父或曾祖父的那一代，记忆中只有极少数的几代人。他们完全不记得出生的年份或月份，因为他们没有记录或记忆这些事情的习惯。他们只会说"我比他出生早"或"他比我出生晚"，将年龄视为相对概念。当被问起过去某件事的发生时间时，他们也只会用"那是祖父死后不久发生的事情"等表达方式来回答，不会使用"几年前"或"几个月前"等具体的时间表达，也不会参照日历回忆事情。从这一意义而言，可以说他们没有对绝对时间或历法的认知。

相比之下，农耕社会的人们会随着播种、收获、储备食物的不同时节来建立对时间的感知。当然，这只是一种假设，但依然可以说，狩猎采集民族对时间的感受和观念非常淡薄。他们只有相对时间感，而几乎没有绝对时间感。

文化人类学的理论："过渡仪式"

目前为止，我们在谈论仪式时一直强调其与时间的关系。那么，接下来让我们看看"过渡仪式"这个稍显理论化的概念在文化人类学中是如何解释的。"过渡仪式"这一概念是由法国非常有名的人类学家阿诺德·范·热内普（Arnold van Gennep）提出的。在文化人类学领域里，这几乎可以说是唯一一个被整理得简单易懂的"理论"。

正如我们在第一章中谈到的，人类学致力于探索人类文化的多样性，强调各种文化之间的差异。理论则是在文化之间寻找共通的普遍规律，类似数学中的公式。文化人类学的理论就是这种超越文化差异的普遍性规律。

正如目前为止本书所探讨的，每种文化都有其独特的价值观和实践方式。从众多不同的文化中提炼出共通的普遍理论实际上是一项艰巨的任务。但即便如此，围绕"过渡仪式"的理解依然成功捕捉到了各种文化中有关仪式的理论。

范·热内普认为，任何仪式都具有与"过渡仪式"相似的结构，分为三个阶段。

第一个阶段被称为"分离"，指的是参与者从过去的身份地位或日常状态中分离出来。第二个阶段是"转移（过渡）"，通过仪式使参与者从先前的日常状态中分离出来，处于变化的过程中。这一状态意味着他们既与先前的身份地位、日常状态

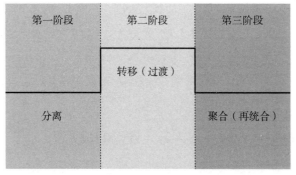

第一阶段	第二阶段	第三阶段
	转移（过渡）	
分离		聚合（再统合）

仪式的三个阶段

分离，也与即将到来的新身份地位、日常状态分离，处于过渡
状态。第三个阶段是"聚合（再统合）"，在分离和过渡阶段之
后，仪式参与者最终进入新的身份地位，并回归日常生活。

这就是仪式必备的三个阶段：分离→转移（过渡）→聚合
（再统合）。范·热内普称为"过渡仪式"。换言之，这是从日
常生活中分离出去，过渡到非日常的时空，再融入新的日常生
活，即由日常、非日常、新日常组成的连续流程。

比如文化人类学的田野调查就是如此。拥有留学或海外旅
行经历的人，在某种程度上也经历了过渡仪式。

前往不同文化的旅行，就好像与自己原有的"日常"相
"分离"，转移并进入所谓"异文化"的"非日常"。他们在海
外异文化中度过一段时间的"非日常"生活后，回国再次回归
原有的日常生活。但是，那些曾在海外非日常生活中经历过许

多的人，对原有"日常"的感受会有一些不同。也有一些人在留学海外或出差到国外之后，对自身文化的看法和感受发生了变化。从这个意义上说，曾经的"日常"就变成了"新日常"。我们通过"过渡"阶段，最终"聚合"进入"新日常"。

东乌干达农耕民族吉苏人残酷的成人礼

人生大事仪式的过渡性特征，在世界上许多文化和社会中都可以见到。让我们具体通过一些民族的民族志来考察一下其成人礼。

首先，我们来了解一下东乌干达农耕民族吉苏人的成人礼。

成人礼，或称成人仪式，通常是一种过渡仪式，意味着一个人从儿童进入成年。

在吉苏社会，18~25岁之间的男性要接受割礼仪式。割礼是指切除阴茎包皮的手术，这种仪式普遍出现在世界各地的不同宗教和文化中。在吉苏社会的割礼中，不采取任何减轻痛苦的措施。成人仪式的目的在于根除对疼痛的幼稚恐惧，使少年成为坚毅、有血性的男人。在实施割礼的过程中，先训诫男孩，强调责任感、节俭、隐忍、勤劳的价值观，最后下达"生儿育女"的命令。这样的"过渡"阶段结束后，实施割礼的人会走过来，将火、斧头、刀、筒等吉苏人生活中不可或缺的物品交给仪式参与者。从此，少年们就会正式成为成年人。

这类仪式具有加入某种团体、组织的性质，因此也被称为"加入仪式"（initiation）。吉苏社会的年轻人正是通过割礼获得成年男性的身份，从此加入成年男性的队伍。也正是从这一刻开始，这些年轻人被期待作为"男性"在社会各个领域实现产出最大化。

通过成人仪式从儿童状态"分离"，在仪式过程的最高潮接受割礼，经历"转移（过渡）"时期，最终作为成年人"聚合（再统合）"进入吉苏社会。这就是吉苏的成人仪式，也是过渡仪式的三个阶段。

以上我们看到的是人一生中的前半段，即从儿童转变为成年人的仪式。人生的后半段，即死亡之后举行的葬礼仪式，也可以被视为一种过渡仪式。当然，对于我们现代人来说，这似乎不太合理，因为理性主义认为人一旦死亡，生命随之结束，之后什么也没有了。也就是说，死亡只是从活着的状态中单方面分离，之后便保持在死亡状态中，不存在过渡仪式中的"聚合"环节。

然而，在许多原住民文化中，葬礼仪式也是一种过渡仪式，一样分为三个阶段。从生的世界"分离"，经过"转移（过渡）"，最后"聚合（再统合）"进入死亡的世界，也就是日本人说的"那个世界"。接下来，让我们看一下葬礼仪式中过渡仪式的一面。

加里曼丹岛原住民柏拉旺（Berawan）人对尸体的二次处理

加里曼丹岛马来西亚原住民柏拉旺人有"复葬"[①]的习俗。

所谓"复葬"，是指死者的尸体不是一次性处理完毕，而是多次处理。这种习俗在包括冲绳和奄美群岛在内的琉球群岛、中国台湾岛以及东南亚部分岛屿地区都有传承。冲绳和奄美群岛的一些地区至今仍保留着这一习俗。

在柏拉旺人的复葬仪式中，首先要将死者的尸体摆放成安坐在椅子上的样子，让死者接受吊唁。这是过渡仪式的第一阶段，相当于让死者从生者的世界中"分离"出来。接下来，将尸体装入罐子或棺椁中，安放在柏拉旺人居住的干栏式长屋走廊上，也就是将死者遗体放置在生者居住的房间旁边。随着时间的推移，尸体腐烂，尸水会通过罐底的孔洞滴落到外面，不断风干，直到尸体白骨化。

在柏拉旺人看来，这段时间是仪式中的危险期。死者的身体逐渐消失，尸体不断白骨化的过程意味着死者的灵魂失去归宿，并在附近徘徊。他们认为游荡的灵魂会带来不祥之事。白骨化的过程是一个可能发生灾祸的危险阶段，这段时间被看作过渡仪式的"转移（过渡）"阶段。

---

① 包括"二次葬""迁骨葬""洗骨葬""捡骨葬""拾骨葬"等。

尸体白骨化后，灵魂就无法回归肉体。此时，柏拉旺人会挑选一个好日子，从罐子或棺椁中取出骨骸，将其洗净，也就是所谓的"洗骨"。然后，将白骨安放在高柱的顶端。这就是过渡仪式的第三阶段"聚合（再统合）"。

如果将最初的"分离"和"过渡"阶段的仪式视为初次埋葬，那么洗骨并安置白骨的仪式就是第二次埋葬。换言之，就是对尸体进行多次处理的复葬。

这种丧葬仪式可以理解为，使故人经过漫长的时间与生的世界"分离"，然后经过"过渡"期，最终"聚合"到"彼岸世界"，即"亡者世界"的行为。

巴厘岛的居民不游泳

还有一个例子是巴厘岛的复葬仪式。在印度尼西亚巴厘岛的复葬仪式中，"土""火""水"三个要素至关重要。

首先，在巴厘岛，人们去世后会选择土葬，这是第一次葬礼仪式。但是，人们认为如果将遗体原封不动地土葬下去，可能会带来灾祸。于是，当地人会挖开坟墓，像柏拉旺人那样将白骨取出并洗骨，将清洗干净的骨头重新摆放成人体的形状后火葬，再将骨灰撒入大海。

首先是"土"葬，然后洗骨，接着是"火"葬，骨灰撒入大海，即"水"葬。使用"土"、"火"和"水"这三种元素送别死者，这就是巴厘岛的丧葬仪式。

巴厘岛作为旅游胜地而闻名，但据说在海滩游泳的只有外国游客。当地居民不在海中玩耍，因为他们将海看作与亡者国度相连接的地方。

我们在巴厘岛的复葬中，也可以清晰地看到过渡仪式的三个环节：通过土葬将死者从这个世界"分离"出去，经历"转移（过渡）"直至尸体白骨化，洗骨后进行火葬，然后将骨灰撒入大海，将死者"聚合（再统合）"到亡者的世界。

对照复葬的案例，我们可以看到每种葬礼都具有过渡仪式的特征。在某种意义上，无论任何文化，当人死后，都会举行

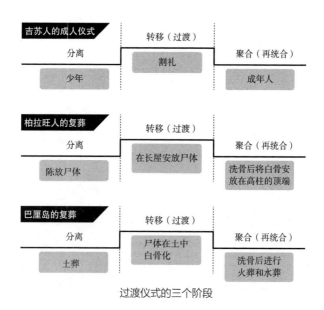

过渡仪式的三个阶段

相似的仪式,将死者从生者的世界分离出来,并在一段过渡时间后将其送往另一个世界,也就是亡者的世界。

在日本,虽然没有复葬的丧葬仪式,但也要通过举行49天的法事和年忌法事等仪式确保死者被送往另一个世界。这在本质上与复葬并没有太大的区别。

为了使人成为人

目前为止,我们了解了仪式,尤其是以成人仪式和丧葬仪式为例的过渡仪式。从这些案例中,我们可以看到在人一生中各个阶段的节点都设有过渡仪式。

从生物学的角度来看,人类一生只不过是一个细胞分裂、出生、成长、再生产(怀孕、分娩、育儿),最终消亡的过程。

然而,人类并没有任由自己自然年老并死去,而是给人生赋予了各种各样的意义和价值。我们常常被要求为实现某些理想、目标而活,或者在认真规划的基础上生活。为此,我们必须认真思考自己的人生。

那么,为了认真思考自己的人生,必须先将生命这无间断的连续体用设定分界点的方式切分开。

如同时间的体系一样,人的一生一旦被赋予某种形式,就仿佛一直真实存在一般。正是因为被划分界定的生命周期

与阶段让人感到如此自然，我们才会努力早日成为成年人
（青年、壮年）以获得认可，并为了不被视为老年人而勤加
锻炼。

不间断的连续成长和变老只不过是一种自然的状态，但为
了人为地设定分界点，使人类成为从文化意义上存在的人类，
就会举行过渡仪式。这种仪式对于每个人来说是十分重要的，
对文化、社会整体而言，也是必不可少的。

不拘礼节的共同体可以活跃我们的日常生活

通过以上例子，可知过渡仪式是一种超越单一文化或社会，
适用于所有宗教、文化、社会的形式性行为。

有一位人类学家便专注于对三个阶段中的第二阶段"转移
（过渡）"的研究，他就是英国人类学家维克多·特纳。他将仪
式中的"转移（过渡）"阶段形容为阈限状态（临界状态）。

参加仪式的人在"转移（过渡）"阶段会失去日常的秩序
感，处于一种混沌状态。这是一个没有常理、充满不确定的阶
段，在这种状态下，人会脱离当前的社会身份，进入一种无拘
无束的状态。

我们往往在日常的社会"结构"中肩负着各种"职务"或
"角色"。在公司里，我们可能担任着课长或部长，夹在上司和
部下之间，在工作中两边受气。在大学里，我们也会在教师和

学生、前辈和后辈的关系秩序中学习工作。换言之，日常就是被这些文化与社会结构化、控制化的时间及空间。

然而，当我们脱离日常，进入"转移（过渡）"的时间或空间时，这种秩序会暂时解体，并迈入一种与其截然相反的"反结构"状态。我们可将酒宴和联欢会视作一种仪式来思考这个问题。

在酒宴上，有时人们会陷入一种没有上司或部下、前辈或后辈的"不拘礼节"的状态。酒宴要求参加者欢畅痛饮（大部分情况不会这样，此处仅作假设）。在这里，你会听到上司或部下的私人话题，也会看到教师、上级生或下级生的一些不为人知的一面。一种打破了平日里上司—部下、教师—学生、上级生—下级生关系界限的状态便产生了。

这里的人们舍弃了以往的面具，来到了一个与日常秩序完全对立的非日常的世界。舍弃以往的面具，是指人们可以释放在日常秩序下积攒的压抑，暂时打破秩序，沉醉于非日常的愉悦当中。特纳将处于这种阈限状态（临界状态）的人们称作"共同体"（communitas）。

人们在经历了这种非日常之后，会通过聚合（再统合）重新回归日常，不过此时的人们已经获得了新的力量，能够以饱满的状态迎接新的日常。

这种充满亲切与轻松的"反结构"式人际关系就像一场不拘礼节的酒宴，会随着宴会的结束而结束。不过即便如此，酒宴前后的日常也会有少许不同。

在一场不拘礼节的酒宴后，人们会知道上司与部下，教师、上级生与下级生那些不为人知的一面，大家不仅可以拉近距离，还能构建新的关系。所以有过一次这样的经历之后，恢复日常后的人际关系还是会出现某种变化。我相信在大多数情况下，参加酒宴都可以改善自己的人际关系。

日复一日的重复性劳动会让人们因缺乏刺激而产生惰性。于是人们就会给压抑环境下的自己寻找一些"新鲜空气"，换个好心情，让自己以更加饱满的状态投入日常生活，而共同体就是恢复精力的地方。

需要强调的是，共同体只会出现在过渡仪式的阈限状态（临界状态）中，即"转移（过渡）"，是一种暂时性状态。既然是过渡仪式，那么就不会长期存在，必然会逐渐向下一个日常"聚合（再统合）"。如果一直释放自我，那么反而会带来灾难，所以这种状态仅可作为刺激日常、使自己焕发活力的手段。

通过创造共同体，我们才得以度过丰富美好的每一天。可以说这也是过渡仪式的一种作用吧。

引起欧洲人关注的萨满教

至此，我们已经看过了世界上多种仪式。仪式是人为地为自然状态设定某种意义、划分界限并将其改为有序的状态。这将为冰冷的世界赋予价值，创造出人类独特的世界观。

在定义、诠释世界这一层面，仪式往往与宗教密切相关。正如仪式将无序的混沌状态人为地改为有序的人类世界一样，宗教对于人类而言也是一种不可或缺的文化行为。

所以在本章的后半部分，我想重点为大家介绍文化人类学的另一研究对象：萨满教、泛灵论及巫术。

前文多次提到，我曾在加里曼丹岛的狩猎采集民族普南人的部落中做过田野调查，不过在此之前，我还同样在加里曼丹岛的烧荒垦种民族加里斯人的部落做过田野调查，当时主要研究了萨满教与巫术。在此，我想先介绍一下加里斯人的萨满教仪式。

加里斯人的女萨满正在举行治疗仪式

请看上页这张照片。床上躺着一个半裸的男人，他的胸部和腹部摆着光泽饱满的石头，照片中的女人用手指不知捻起一撮什么，似乎是在用右手手指确认着什么信息。这个女人就是加里斯人的萨满（巴里安）。她身边的草药汤里浸泡的，便是放在男性胸部和腹部的石头。

这张照片拍下了加里斯人萨满仪式的一幕。照片上的男人因为胸痛难忍，于是向女萨满寻求治疗。女萨满一边用石头摩擦男人的身体，一边取出针一样的东西，放在油表旁确认着什么。关于这些石头的来历，女萨满表示，在她成为萨满之前，她曾与梦中出现的一名俊美的男精灵性交，然后这些石头就出现在她的枕旁。所有石头都有名字，是她的精神向导。此外，照片左侧有一簇树叶一样的东西，这是女萨满召唤的精灵们下凡时的附身之物。

这种仪式便是萨满教的原始样貌。作为一种别样的习俗，萨满教长期以来受到欧洲人的关注和研究。可以说，萨满教对于欧洲人而言无疑是非欧洲文化的一个典型。

在 16 世纪的地理大发现时代，欧洲的探险家们在世界各地都遇到了这些自称可以与精灵交流的人。他们当中有的人绝食到皮包骨头，有的人饮用烟草汁，还有的人将长满尖刺的蚂蚁串成项链戴在脖子上修炼，总之千奇百怪。在 17 世纪，探险家们还在西伯利亚发现了一批又一批会击鼓高歌、使用腹语术、模仿动物啼鸣的宗教人士。

渐渐地，欧洲人将这些千奇百怪的人称作萨满，并将这种宗教称作萨满教。

萨满一词来自西伯利亚的狩猎游牧民族埃文基人，该民族属通古斯语族的一支。他们语言中的"萨满"便是这个词的来历。这个词的本义是"兴奋的、感动的、激昂的"。埃文基人的萨满可以直接与精灵沟通、治疗疾病，在共同体的延续中承担了重要的角色。

19世纪中叶，俄罗斯进行了一系列调查研究，发现这种宗教人士广泛存在于北亚、西伯利亚以及中亚等地区。就这样，萨满和萨满教作为一个专有名词被运用到文化人类学当中。

萨满教中的神魂出窍与附身

在这里，我们给出了萨满教的定义。文化人类学家皮尔斯·维捷布斯基（Piers Vitebsky）曾将萨满定义为："既是医生，又是祭司，还是社会工作者、灵能者。"

此外，日本萨满教研究的奠基人，文化人类学家佐佐木宏干也认为"萨满教一般指人们在催眠等异常心理状态下直接与超自然存在（神、精灵、死灵）接触、交流，在这个过程中进行预言、托梦、占卜、治疗等，并以发挥这种作用的人为核心的巫术或宗教形态"。

距今数万年前，我们的祖先发明了一项技能，用以解决种种问题和苦恼，以及促使人们更加高效地运用人类与生俱来的能力。这项技能就是我们所说的萨满教的原型。

无论身处地球的任何地方，萨满们都可以进入一种催眠状态，即心理学上的"意识改变状态"，从而与看不见摸不着的世界沟通。"意识改变状态"，指的是一种意识不清醒的忘我状态。在意识蒙胧中，萨满会接触到不属于这个世界的某种存在，一般情况下是"精灵"，萨满会在这种交流和沟通中治疗疾病和伤痛，进行预言和占卜，或祈祷共同体的安宁。我们可以这样理解：萨满拥有某种特殊技能，可以通过凡人无法触及的通道接触隐藏的真相。

世界上的萨满教有很多种，不过大体上可以分为以下两类。第一类是"神魂出窍"，即灵魂离开萨满的身体飞向超自然世界，与神或精灵直接沟通。第二类是"附身"，即萨满的身体被精灵占据，进入被控制的状态。日本青森县的恐山地区也有一些被称作"潮来"[①]的灵媒，可以召唤亡灵，将死者的话传递给这个世界的人。这就是"附身"型的萨满。

在萨满教仪式中，这两种类型的某一方往往会占据优势，或者是两种类型交替进行。

---

① 日文原文为「イタコ」，是日本东北地区恐山的一种巫女。潮来能够呼唤死者，让死者附在自己身上。平时也占卜农作物的收成，预测他人的运气及健康，或给予自己所负责地区的居民各类建议。

世界各地的萨满教

世界各地都有萨满或萨满教存在，尤其以西伯利亚、蒙古、部分亚洲其他地区及美洲大陆为主。

印度奥迪沙地区的萨瓦拉人中便存在一种"神魂出窍"型的萨满教。他们有两种能在"神魂出窍"后飞向地下世界的萨满。女性"大萨满"执掌葬礼，可以告诉人们死者会化为怎样的死灵。男性"小萨满"可以赶走死灵，治愈疾病。这种萨满教受到邻近的印度教影响，认为萨满会在地下和印度教徒的灵魂结婚，从而获得萨满的力量。

南北美洲大陆上的萨满教也十分兴盛。比如在北美大平原地区有一种叫作"灵境追寻"（Vision Quest）的习俗，让年轻人孤身进入荒野，通过绝食来寻找精灵发出的信息。这可以被称为一种成人仪式。在其他地区，萨满会进入催眠状态，前往地下世界取回病人的灵魂。其中还有一种男性萨满会身穿女装，做着女性的工作，在共同体中承担神圣的角色。这种萨满在法语中叫作"伯达奇"（Berdache），据说这种异装癖萨满具有强大的力量。

南美洲的萨满教更多是"神魂出窍"型，其特征在于使用致幻植物。亚马孙的热带雨林中有一群名叫"德萨纳"（Desana）的原住民，他们会使用一种叫作"维赫"[①] 的致幻

---

① 日文原文为「ヴィホ」。

植物进入催眠状态,从而"神魂出窍"并见到动物之主"瓦伊·玛塞"①,清点人类死者的数量和被狩猎动物的数量,进行灵魂交换。

日本也存在这种萨满教传统,但不是印度萨瓦拉人那种"神魂出窍"型,而是"潮来"那样的"附身"型,担任萨满的主要是女性。虽然冲绳地区的"优妲"(yuta)也有一定的知名度,但无论是"潮来"还是"优妲",其人数都在不断减少。

我曾进行调查的烧荒垦种民族,加里曼丹岛的加里斯人,他们的萨满既有男性也有女性,但男萨满会像北美的"伯达奇"一样身穿女装,戴上男性平时不会穿戴的粉色或红色腰带,涂上口红,化好妆。虽然人们对于萨满的异装癖有着各种解释,不过既然萨满是一种可以自由穿梭于这个世界与另一个世界的存在,而异性装扮也可以跨越男女的边界,那么在象征意义上,二者可谓是"平行"的。

对萨满教的镇压与再评价

16世纪之后,散落于世界各地的萨满教开始出现在西方的政治历史脉络中。接下来,我们来看一看在那之后萨满教是如

---

① 日文原文为「ヴァイ・マッセ」。

何延续至今的。

上文提到，萨满会进入异于平常的心理状态，有时也会成为"卡里斯马"（charisma）[①]式的存在。因此，萨满的悲剧历史在于，当时的统治者会将萨满视作对其权力的威胁，并将萨满作为镇压对象。

特别是在否定宗教的国家，对萨满教的镇压尤为惨烈。在20世纪20年代至30年代，这些国家强制萨满放弃自己的职业，并向服从者提供市民权与其他利益。很多情况下萨满都是当地族群的首领，因此被当局视作敌人，并惨遭流放。有时他们还会被强行拉到直升机上，在"既然你们是萨满，那么应该会飞吧？有本事飞一个！"的命令下被扔出机舱。还有一则记录显示，曾有一位军官假装生病，以此靠近一名萨满并射杀了对方。

可到了20世纪后半叶乃至今天，萨满教出现了被重新看待的迹象。一些地区因为对重度环境污染的恐慌而出现了环保主义思想。在此背景下，人们以环保主义的视角将萨满教中关于人与精灵的传统世界观理想化为人与自然的共存，并由此产生了泛灵论式的思考。关于泛灵论，我想后面再做介绍。这些思考带动了各地的文化复兴，使得萨满教得到了被重新审视的机会。在如今的萨哈社会，萨满作为人与自然共存的代表受到各方的关注。

---

① 最初用于描述得到神帮助的超凡者，后用于形容具有非凡魅力的领袖。

无独有偶，哈萨克斯坦共和国于 20 世纪 90 年代开始，在公立医院尝试推行传统萨满教医疗方法。这些萨满需要年龄在 25 岁以上，拥有 3 年以上实践经验，经现代医学专业培训和实习后才能获得国家发放的执业许可证。哈萨克斯坦希望通过萨满教提高各民族的自觉与自信，并促进国家团结。

　　历史上，萨满教曾被统治者或沐浴在近代科学下的近代医学所镇压或否定，萨满被划为敌人、遭到迫害。但随着时代的改变，如今的萨满教已被人们重新认识，并被相关国家巧妙地运用起来。

现代城市居民的"新萨满教"

　　萨满教在被镇压与重新评价中走过了跌宕起伏的岁月，而如今高度发达的资本主义正随着全球化浪潮席卷全世界，其中也包括了萨满教发展的新动向。

　　资本主义依靠的是理性主义与科学技术，其过度的开发对自然环境造成了严重的剥削与破坏，被"市场原教旨主义"裹挟的新自由主义活动也大大改变了人们的生活。在这样的社会变革中，敏锐地察觉到危机的人们被萨满教吸引了，开始在现代生活中加以实践。这便是扎根于城市的"新萨满教"运动。

　　自古以来，用于和超自然世界沟通的草药、药物都会被当时的统治者与政府严令禁止。可到了 20 世纪 60 年代，"毒品文化"席卷各地，萨满们使用的药用植物和药物也被人们视为神圣的草药崇拜，导致人们对萨满的催眠状态失去了抵抗力。60年代以后，这种"新萨满教"运动不断摸索着解决人们在现代社会中感到不安的方法，并在此过程中与替代疗法和素食主义等新时代理念相结合，逐步扩大了影响力。

其中，发挥了重要作用的是卡洛斯·卡斯塔尼达（Carlos Castaneda）在 20 世纪 60 年代后期出版的"唐望"系列。该系列著作围绕作者与印第安人亚奎族萨满的对话展开，畅销世界，提高了人们对萨满教等欧洲之外的宗教、精神世界的关注。

在这股浪潮中诞生的便是经过现代诠释的新萨满教。文化人类学家迈克尔·哈纳（Michael Harner）在研究了南美原住民希瓦罗人的萨满教后提出，应提取地球上各个地区的萨满教核心中最本质的部分，用现代手段进行实践。于是哈纳成为推广新萨满教的核心人物之一，他运用自己从北美原住民那里汲取的灵感，于每周末面向美国的城市居民开办工作坊。

在他的新萨满教工作坊上，主持人会击打太鼓，让参加者听着鼓声逐渐进入催眠状态。然后他会让参加者在催眠状态中找到自己的守护灵，即力量动物，并最终找到解决自身问题的线索。

治愈自闭症少年的萨满教

这里我还想为大家举一个现代萨满教的例子。

路伯特·伊萨克森的著作《马背上的男孩》在日本也曾被翻译出版，2009 年还在美国被搬上银幕。这本书是路伯特的一部纪实作品，以父亲的视角记录了一个患有自闭症的男孩若菀和家人一起踏上穿越蒙古的旅程，一家人在那里遇见萨满后，男孩的自闭症逐渐好转的故事。

　　起初，若菀的母亲克里斯汀怀疑自己的儿子患上了自闭症，于是开始在网络上搜索相关信息，不久 3 岁的若菀确诊了自闭症。自那以后，他们尝试了药物治疗、康复治疗等多种方法，但都不见效。

　　若菀只有和一匹叫贝兹的马，以及治疗师和萨满在一起时才会表现出反应。那是在城市中一个新萨满教式的集会上。于是，这位纪实作品的作者，也是孩子的父亲便意识到治疗师和萨满可以治愈孩子的病。若菀与马相处得很好，和马在一起时症状也会得到缓解。

　　于是父亲决定全家前往蒙古，寻找马与萨满结合的治愈之地。他们骑着马跨越广阔的草原，拜访了一个又一个萨满。父亲如此写道："如果若菀的自闭症并不是关闭我们的生活之门，而是打开了一场通往未知与喜悦的终极探险之旅呢？"

　　来到蒙古后，一家人在萨满的指示下进行了各种需要家人一起参加的仪式。萨满通过翻译告诉他们："今晚我将踏上旅途，前往你们的美国给贝兹施法，因为贝兹是若菀的守护者。今晚，你们要注意若菀睡觉的样子，然后明天诚实地告诉我发生了什么异常，无论何事都要告诉我。明晚我将向他施法。走吧。"

身患自闭症的若菀虽然没有痊愈，但症状得到了缓解，起码做到了自己一个人上厕所这种之前完全做不到的事情。也就是说，若菀的自闭症在接触马匹的动物疗法和萨满教的治疗下有所好转。

穿梭于两个世界的泛灵论式世界观

介绍完萨满教这种宗教信仰，在此我想再为大家介绍另一种与之相似的世界观——泛灵论。萨满教的宗教人员就是萨满，他们可以自由穿梭可见与不可见的世界。萨满教仪式是穿梭于这两个世界的一种活动，而这种世界观的基础就是泛灵论。

泛灵论认为人以外的动物、植物，以及石头等无机物也拥有灵魂，是最古老的宗教形态，也就是"宗教的原初形态"。英国文化人类学家爱德华·伯内特·泰勒（Edward Burnett Tylor）于 19 世纪后半叶将这种古老信仰命名为泛灵论。当时的欧洲认为，人类社会中存在一种尚未发展出宗教或者说完全不存在宗教的社会。泰勒则批判了这种观点，并提出任何社会都存在类似泛灵论的朴素信仰。百年之后，人们才发现泛灵论是"宗教的原初形态"。

近些年来，文化人类学迎来了泛灵论研究的新光芒。以下内容与第五章"人类世与文化人类学"存在一定联系，即泛灵论被重新定义为一种认为人与非人之间在精神上存在连续性，二者在精神层面上具有同一归属的思想。作为泛灵论的一个典型例子，我想以阿伊努人的信仰为例简单说明。

人、"卡姆伊"（Kamuy）、熊合为一体的阿伊努泛灵论

阿伊努的老人常说："人即是神，神即是人。"在阿伊努语中，神叫作"卡姆伊"。

卡姆伊在神的国度会呈现人的样貌，在来到人的土地时则会以动物的形态出现，比如以熊的样子来到人类的土地。反过来，当人去世后，会前往神的国度成为卡姆伊。

这种信仰直观地体现在阿伊努人代代传承下来的一种叫熊祭的仪式当中。阿伊努人抓到小熊后，会将其带到部落里悉心饲养，待小熊长大后，再通过仪式将熊的灵魂送往神的国度。

被送回神的国度的卡姆伊会上报自己在人类的土地上得到了细心呵护。于是，其他卡姆伊就会化身为熊，带着礼物和皮毛来到人类的土地上。

就这样，神与熊通过熊祭仪式形成一个环，将人、神、熊这三者紧密联系起来，成为无法分割的整体。这种人与非人在精神上的连续性便是泛灵论的特征之一。

为不为人知的巫术世界做分类

至此，我们已经看过了仪式、萨满教以及泛灵论，那么在本章的最后，我们来看一看"巫术"。巫术与萨满教或泛灵论等世界观存在密切联系，但巫术中又存在某种完全不同于我们常识的因果关系。

简单来说，巫术指的是一种法术或技术，可以通过超越人类的力量获得自己想要的结果。英语叫作 Magic，因此也可以被称作"魔法"或"魔术"。

假设一个人得了某种眼疾，在我们的世界里，我们一般会认为这或许是细菌进入眼睛引起的炎症。然而在一个存在巫术的世界里，人们会认为这是巫师在稻草娃娃的眼睛上扎了一根五寸长的铁钉，并施加了咒语所致，是某种超越人类的力量作用在病人眼睛上的结果。

长期被文化人类学视为研究对象的各类文化、社会当中广泛存在着萨满教和泛灵论，也同样存在各种巫术。于是文化人类学家们调查了这些丰富多样的巫术，并总结出了几种类型。

虽然名著《金枝》的作者詹姆斯·弗雷泽没有多少田野调查的经验，但他曾涉猎浩如烟海的文献，并将巫术分为两种类型。一种叫"顺势巫术"，指找来一个与施咒对象相似的对象并加以操控，原理是"相似的东西会造成相似的结果"。具体而言，有一种求雨术是用火烧出来的黑烟制造乌云，以获得降雨。在这里乌云等于黑烟，这种巫术可以通过操纵相似的东西达到目的。

另一种叫"接触巫术"，是向施咒对象的一部分或施咒对象接触过使用过的物品施展巫术。这种巫术认为，物品即便离开了持有者也可以发挥效果。比如说在人的毛发、指甲、衣服上施咒等。他们会收集对方的头发、剪下来的指甲、不穿的旧衣服等，并施加咒语，最后造成对方受伤或生病。

用我们的语言来形容的话，顺势巫术相当于"隐喻"。例如，我们经常将人的一生形容为"旅行"。人生等于旅行，这种用一个类似的概念来表达的方法在逻辑上与顺势巫术是相似的。

与之相对的，接触巫术相当于"转喻"。比如汉堡店的店员们有时会说："芝士汉堡在收银台等着呢。"这里"芝士汉堡"的意思是"购买芝士汉堡的人"，只不过用"芝士汉堡"也能表达这层含义。"芝士汉堡"与"购买芝士汉堡的人"之间不是相似，而是相邻、相接触的关系，是部分与整体的关系。这种转喻表达可以说是一种接触巫术式的表现手法。

除了弗雷泽的两种巫术分类理论，英国社会人类学家爱德华·埃文思－普里查德（Edward Evans-Pritchard）按照巫术行为的意图对其进行分类。以某种意图施展的巫术叫作"邪术"，施咒者叫作邪术师。邪术师会使用道具或术法诅咒他人。相反，没有主观意图、在本人不知情的情况下为他人带来危害的巫术叫作"妖术"。这种巫术往往来自一些与生俱来的特性，施展这种巫术的人叫作妖术师。

邪术师是谁？——邪术告发事件

在此，我想以加里曼丹岛的烧荒垦种民族加里斯人的一次邪术事件为例做详细介绍。

加里斯人原本并没有邪术，而这里的邪术一般被认为是附近的其他族群传来的。当自己嫉妒或憎恨的人遭遇疾病、死亡、意外事故时，人们就会将这些不幸的原因与施展过的邪术联系起来，一旦人们发现二者存在关联，那么这就会被视作一次成功的邪术。

然而，邪术成功并不代表结束。施展邪术的人的欲望得到满足后，有时遭受不幸的人或者其家人会向施咒者施展"对抗邪术"。有时人们还会诉诸习惯法，告发邪术师，希望对邪术师施加社会制裁。

施展对抗邪术时，双方会爆发一场悄无声息的"邪术大战"。在告发邪术时，人们会先锁定这个给自己带来疾病或死亡等不幸的施咒者并发起诉讼，用习惯法制裁对方。受害者会要求赔偿邪术带来的损失，或者要求解开邪术。只要解开邪术，那些被认为是因邪术而患病的人就会痊愈。加里斯人认为，痊愈代表着邪术被解除。

某次邪术告发事件的情况如下。加里斯人的酋长伊曼苦于"劳·劳"的折磨（"劳·劳"在加里斯语里的意思是"狂躁"），陷入抑郁，经常挥舞着一根棍子，让大家很是害怕。一天，伊曼的邻居沙恩担心伊曼的狂躁症会波及自己，于是他选择了告发。伊曼被怀疑是中了一种最强大的邪术，这种巫术能够"使人发狂、变傻"。遭受告发的汀斑和雅加在与村长面谈的时候痛诉自己的无辜，表示"不是我们干的"。为了弄清真相，大家召开了习惯法会议。会议上，人们基于沙恩的证词，让邪术事件的真相水落石出。

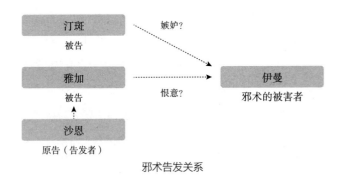

邪术告发关系

沙恩表示，一天中午，汀斑像往常一样叫他去帮忙，于是他们拿着铁锹走到了公共墓地，从某个几个月前去世的人墓前的"死者之旗"①上薅走两块碎布条。然后，他们用铁锹挖开墓地，拔掉了木棺材上的钉子。后来，沙恩还在汀斑的命令下潜入伊曼家里，找到他挂在墙上的上衣和裤子，并从衣物的开缝处抽走了几根线头。

沙恩、汀斑和雅加三人来到伊曼烧荒时用的小屋，将取来

_____

① 类似旧俗丧葬出殡时举的引魂幡。

的物品混合起来烧成灰，掺在了伊曼的食物里。雅加不是加里斯人，而是附近的马来人。做这些事期间，他在小屋后面一直念着咒语。

习惯法会议没能讨论出汀斑和雅加是否真的施展了邪术。因此，人们决定采用"巴哈戈神判"的方法，通过能否用手从开水中取出水底的石头来判断事情的真相。他们将最后的判断交给了神。能够忍受这种痛苦的人便是无罪，无法取出石头或者被烫伤的人便是有罪。最后，即便是"巴哈戈神判"也没能

在巴哈戈神判上准备从开
水中取出石头的汀斑

判断出汀斑和雅加是否施展了邪术，因为雅加没能取出石头，但汀斑却成功了。

可是后来人们发现，原来是汀斑在手上抹了盐。当习惯法会议再次召开时，被认为中了邪术的伊曼突然闯进来，滔滔不绝地说："有结果了吗？到底谁输了？有人烫伤了吗？我一天也等不了了。他们在手伸进开水前都不打算说真话。抹了盐就说明他烫伤了，他输了……"

伊曼坚信是汀斑和雅加向自己施展了邪术。他还提到，雅加曾经因为出轨被他教训，所以对自己心怀恨意；汀斑则因为在酋长选举中输给了他，所以产生了嫉妒之心。"被害者"伊曼坚定地说出了二人施展邪术的动机。

最终，汀斑说："既然你们说我是错的，那就是我错了。"邪术告发的结果是判决汀斑与雅加向伊曼支付赔偿金与医药费，向习惯法会议的话事人支付礼金。此外，会议还让他们保证要解开伊曼身上的邪术，把伊曼送到马来人的巫医那里治好他的狂躁症。

这就是邪术在加里斯人社会中的生动体现。

妖术可以解释不幸

我们讲了巫术的种类和性质，以及一起具体的巫术告发事件。相信大家可以发现，这些"巫术"并非虚构，而是切实存在于现实中的一种现象。

不过弗雷泽却认为，这些巫术只不过是无端联系，是因果关系的倒错，是"未开化社会"中非理性反科学的信仰。也就是说，他认为巫术只不过是一种迷信或错觉。

相反，上文提到的另一位社会人类学家埃文思－普里查德则认为，巫术，特别是妖术主要用于解释身边发生的不幸。巫术是解释因果关系的方法，可以通过一种不同于我们的文化及社会的逻辑将原因和结果联系起来。

他调查研究的是非洲的阿赞德人。酷暑下，阿赞德人经常在谷物仓库里休息。谷物仓库用的时间长了，经常会在白蚁的啃食下倒塌，而阿赞德人也十分清楚他们的仓库是因为白蚁啃食而倒塌的。即便如此，倘若人们休息时恰好遇到仓库倒塌，有人被压在下面受伤或去世的话，阿赞德人还是会说这是妖术在作祟。

乍一看这就像弗雷泽的理论一样，是他们弄错了原因和结果，基于错误的因果关系才得出这个结论。可是阿赞德人明明知道仓库倒塌的罪魁祸首是白蚁，却硬要说是妖术的问题。埃文思－普里查德便着眼于这个矛盾，得出了以下结论。

"仓库在白蚁的啃食下坍塌"是"仓库为何坍塌"的解释，相当于英语的"how"。不过，这个说法却无法解释为什么恰好他们休息的那一刻，这个仓库倒塌了。阿赞德人口中的"妖术导致仓库倒塌"回答的不是为什么倒塌，而是"为什么此时此刻倒塌"，相当于英语的"why"。

对于习惯了理性、科学解释的我们来说，当被问到仓库为什么倒塌时，我们下意识地便会认为这问的是"how"，并给出白蚁啃食这个答案。为什么导致这个结果，其中的过程是什么，这是我们的科学思维。可是一旦被问到为什么在这个瞬间发生时，我们只能回答："这只是凑巧，是偶然。"

不过，阿赞德人却不会这么想。他们认为按照自己的理解才讲得通——灾厄恰好降临在某个人休息的那一瞬间，是因为有妖术在作祟。不得不说，如果从这个角度思考的话，阿赞德人的解释确实非常合理。

当不幸的事情发生时，阿赞德人便会将其解释为妖术。可是对于一个习惯了科学解释的现代人而言，不存在这种答案选项。所以，我们只能说这是"偶然""凑巧"。

这种情况也会出现在医生通知患者病情时。当病人被医生告知患有癌症，命不久矣的时候，病人总是会问："为什么偏偏是我？"然而，医生能告诉你的只有疾病如何发作，如何发展。医生无法告诉你，为什么恰恰是在这一瞬间，恰恰是你被发现有癌症，而不是别人。

将科学思维的结果当作唯一理性且真实解释的我们，是否忘记了阿赞德人运用妖术给出的"另一种合理解释"呢？就像前文那位被萨满教治愈的自闭症男孩一样，我们的生命背后是否有这种超越人类的力量在生死大事上发挥举足轻重的作用呢？

这种探讨因果的理论在人类学中叫作"灾因论"。埃文思－普里查德以阿赞德人的灾因论为例指出，将伤病、死亡等灾厄归因于妖术的做法并非不理性。他将这种做法称为"理性的相对性"，即科学的合理性并不是唯一的合理性。

现代的巫术世界

因此，巫术在某种意义上同样是一种理性的解释。实际上，已经习惯了科学理性的我们，也并没有失去对巫术理性的理解，甚至有时还会接受这种巫术理性下的解释。

承认巫术的合理性，就说明我们的文化和社会也会用其他的合理解释来说服自己接受一些科学理论说明不了的事情。若果真如此，那么就说明现代人心中依然存有巫术性质的思维方式。我们可以以非洲的足球为例来探讨这一点。

伊恩·霍基（Ian Hawkey）是英国《星期日泰晤士报》的记者，他的著作《变色龙之脚：非洲足球故事》（*Feet of the Chameleon: The Story of African Football*）中记载了这样一则有关现代非洲足球与巫术的故事。

1969 年，在刚果民主共和国首都金沙萨的一个体育场内，正在整理球场的工作人员在中圈下发现了一个头骨。于是传言纷纷，人们认为这可能是对手球队为了陷害当地球队而在球场上施展的巫术。还有 1992 年在塞内加尔的非洲国家杯上，科特迪瓦势如破竹，接连击败阿尔及利亚、赞比亚、喀麦隆以及加纳。于是，人们便传开谣言："是不是政府给他们雇了巫师？"

之后，在 2000 年非洲国家杯（尼日利亚举办）的四分之一决赛，尼日利亚对战塞内加尔的比赛中，赛场上，一位工作人员从尼日利亚方绕到了塞内加尔方的后场，并拿走了某个东西。后来这位工作人员称："对手（塞内加尔）带着施过法的妖物。为了我国的胜利，我必须除掉这个东西。"后来，尼日利亚果然战胜了塞内加尔。

事后非洲足联表示，尼日利亚工作人员指责塞内加尔队使用巫术（魔法）一事是"非洲的耻辱"，并在 2002 年马里非洲国家杯开赛前特意发布声明要求禁止施展巫术，且"严禁巫师进入球场"。可是在半决赛马里对战喀麦隆时，马里警方以"在球场上施展'魔法'"为由逮捕了喀麦隆队的副教练。

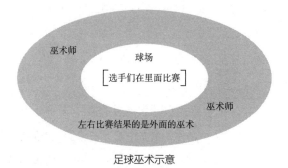

足球巫术示意

在非洲，巫术已然是日常生活的一部分，因此不仅是足球，在其他运动、商业活动以及选举当中都有巫术的存在。当选手们或竞争双方在激烈对决时，巫术的对决也在场外悄无声息地展开。由此可见，即便是在现代，巫术依然被广泛运用于各种场合。

换一种方式发现世界上的巫术

生活在现代的我们身边也有许多巫术性质的行为，比如，为了祈祷考试合格而随身携带 KitKat 巧克力 ① 或吃猪排饭 ②。

本章提到了有关宗教的仪式，以及萨满教、泛灵论、巫术等表面上看与我们的日常生活相悖的行为或思维方式。过渡仪式分割混沌的自然状态，确立人类可以认知的秩序，同时与我们人类的世界观息息相关。联结这种世界观与本质部分的，便是往来于可见世界与不可见世界的泛灵论，以及由在二者之间自由穿梭的宗教人士所实践的萨满教。

萨满通过仪式治愈疾病或进行占卜，巫术师也可以通过自己的巫术让人患病。这种巫术世界距离我们并不遥远，也的确是扎根于我们生命中的一种思维方式。

---

① 日语中与"必胜"谐音。
② 日语中与"胜利"谐音。

现代日本人常常被形容为"无信仰"。然而，假如将宗教视为一种不同于科学理性，而是基于其他理性的某种理解世界的方法的话，那么我们则难以就这样认定日本人不存在信仰。

上一章曾提到，现代社会当中不断加重的不仅是身体疾病，还有心理疾病。现代日本每年有 20000 以上的人选择结束自己的生命，这在本书介绍的那些原住民看来，可能是另一种"异样"的景观。前面介绍阿赞德人的灾因论时也提到，那些我们认为理所当然的"道理"无法解决的痛苦、愤怒以及悲伤，在其他逻辑中就可能得到解决或缓和。本质上，宗教的意义就是给予人们这种力量，并在今后继续发挥这样的作用。

第五章

人类世与文化人类学

文化人类学如何看待自然?

前面几章以通过田野调查开展的参与式观察和民族志书写积累的文化人类学知识为基础,重点讨论了人类不同文化和社会的相关话题。从某种意义上来讲,这些都是迄今为止文化人类学研究的典型代表。

本章讨论的主题"人类(文化)与自然"也是文化人类学长期以来的传统话题。例如,在第三章中,通过我田野调查得来的普南民族志介绍了当地人的生活和神话。作为狩猎采集民族,普南人平常生活在大自然之中,他们的神话及其中"自然源于文化"的结构启发了我,使我重新思考通常认为的人类(文化)与自然之间的关系。

与此同时,今时今日,以温室效应等气候变化为代表的全球环境变化,不仅威胁着动植物的生存,也威胁着人类的生存,不得不说人与自然的关系正在接近一个重大转折点。

回顾我们在第一章中讨论过的纪录片《走向永恒》,正如储存核废料的设施"安克罗"所象征的那样，由人类科技创造的"核弹"造成的影响远远超出了人类存在的时间范畴。即使由于某种原因，人类在未来 10 万年内灭亡，核废料也会作为现代人类造成的伤痕在地球上继续留存。

目前较有力的观点认为，全球变暖这一问题本身是由于人类活动导致大气中二氧化碳增加造成的。人类活动对全球环境产生了巨大的影响，而且这些活动的痕迹已经开始在地层中显现，因此最近很多人在讨论地球是否已经进入了一个新的地质时代，即"人类世"。

根据迄今为止的地质年代划分，目前的地质年代是始于 11700 年前的"全新世"。然而，如上所述，由于担心人类对全球生态系统的影响越来越大，荷兰大气化学家、诺贝尔奖获得者保罗·克鲁岑（Paul Crutzen）和生物学家尤金·斯托默（Eugene Stormer）提出了"人类世"这一新的地质年代概念，敲响了气候和环境危机的警钟。如今，专家们正在慎重讨论是否要将"人类世"作为一个新的地质年代。

关于"人类世"与文化人类学之间的关系，我们将在后面详细讨论。尽管"人类世"严格来说是一个地质学概念，但包括文化人类学在内的人文社会科学、环境科学和其他自然科学都在积极讨论这一概念。在环境保护和自然保护等社会运动中，它也得到了积极而广泛的应用。

畅销书《人类世的"资本论"》在日本销量超过 45 万册，

作者斋藤幸平是一位主要研究马克思主义经济学的学者。该书论述的并不是迄今为止人们所理解的"人类世"，虽然仍使用"人类世"一词，但作者主要是在批判加速"人类世"的罪魁祸首，即急速工业化以及过度扩张的资本主义，并重新重视马克思主义和去增长。应该有很多人是通过《人类世的"资本论"》这本书了解到"人类世"这个词的吧。

在本章中，我们将探讨文化人类学迄今为止在人类（文化）与自然的关系方面所做的探索，进而探讨在被称为"人类世"的当下，即包括人类在内的地球上所有物种以及地球本身的存续都受到威胁的今天，文化人类学又是如何看待这个严峻问题的，以及将如何提出新的疑问。

正如"人类世"这一概念的广泛性所表明的那样，它并不局限于某一门学科。文化人类学主张深入我们熟悉的生活，在日常生活中去观察人类本身，而以"人类世"为研究课题的文化人类学，也将会对我们如何在今后的时代中生存提供重要的启示。

近年来，文化人类学开始在"人类世"等重大问题的背景下进行思考，并重新关注到原本人类作为一个物种并非独立生存，而是在包括动植物在内的各种各样的生物包围下生存的事实。

正如第一章所述，我们总会在不知不觉之间倾向于将自身的一切视为理所当然，从自己的角度出发去看待事物。文化人类学作为一门与人类打交道的学科，总是将对人类文化和制度的探索视为理所当然。可以这样讲，只有当与"人类世"这个问题相遇时，我们才开始意识到，在自我认知上我们已经陷入人类中心主义。

动物"适合思考"

首先，我们来了解一下文化人类学在人类（文化）与自然的关系方面是如何思考的。

对于人类而言，作为自然的动物与人类是一种什么样的关系呢？自古以来，人类通过狩猎和畜牧等方式捕杀、饲养、驱使动物，在某些情况下，动物会成为人类的重要伙伴。正如我们在第三章中看到的那样，在很多神话中都会出现各种各样的动物，所以可以说动物是人类身边最亲近的他者，是一种很自然的存在。这对于探究人类文化为何物的文化人类学来说，也是不能忽视的存在。

那么，迄今为止，文化人类学是如何看待动物的呢？我们可以梳理出三种观点，即动物对人类来说，一是适合思考（good to think），二是适合食用（good to eat），三是适合共同生活（good to live with）。

提出对于人类而言动物"适合思考"这一观点的学者是本书中经常提到的克洛德·列维-斯特劳斯。他的研究关注美国大平原的原住民希达察人。在希达察人的猎鹰活动中，猎人会在地面上挖一个坑，躲在坑里，然后在坑上方放置诱饵，吸引空中的鹰靠近。希达察人会在鹰被诱饵引诱降落的一瞬间，徒手将其捉住。这是希达察人独有的一种猎鹰方式。列维－斯特劳斯认为这是一种"人类既是猎人，同时又是猎物"的自相矛盾的捕猎方式，猎人自身成为陷阱，躲在坑里模仿被困在陷阱里的动物。

在希达察人的神话中，是一种可以随意改变外貌的动物教会了他们这种猎鹰方法。神话中并没有明确记录这是一种什么动物。不过，这种教会他们如何猎鹰的动物很可能是貂熊，因为附近的原住民将作为大型黄鼠狼家族一员、和熊崽长得很像的貂熊视为特殊的动物。

猎人的陷阱无法捕获貂熊。它是一种能够非常巧妙避开陷阱，并只带走诱饵的动物。貂熊既是一种会被人类猎杀的动物，又是一种不将捕猎者的陷阱放在眼中，甚至盗取诱饵的像人类一样狡猾的动物。换句话说，它是一种矛盾的存在，就像希达察的鹰猎人一样。列维－斯特劳斯在类比后得出结论，认为是貂熊教会了希达察人如何猎鹰。

我在此想要表达的是，神话会利用做出一般动物无法做出的行为的动物，来解释常识无法想象的人类活动。在动物中有一些独特的动物，而在人类活动中有一些独特的活动，比如猎鹰。这两者可以被看作是自然中的差异（不同）和人类中的差异（不同）。换言之，我们可以看到这样一种对照结构，即用

貂熊

照片来源：Wikimedia Commons

自然界的差异来解释人类的差异。通过自然来解释人类（文化）是可能的。就这个意义而言，列维－斯特劳斯认为动物对于人类来说是"适合思考"的。

动物"适合食用"

我们在描述一个人的时候，经常会使用动物来打比方，比如"A像牛一样慢悠悠"或"B像狐狸一样狡猾"。用动物来评价、理解人类，似乎正是动物在人类看来"适合思考"的表现。

然而，美国文化人类学家马文·哈里斯指出，并非所有动物都"适合思考"，有些动物适合人类思考，有些则相反。

今天，许多国家的人会饲养动物食用，肉类在市场上流通，并被摆上餐桌。然而，一些有宗教信仰的人，出于宗教戒律的约束，不食用肉类或特定的肉类。换句话说，某些动物作为肉食供给在一些地区备受重视，在另一些地区却被视作神圣或禁忌。动物"适合思考"的观点并不能很好地解释这种差异。因此，哈里斯进行了如下思考：

在公元前10000年到公元前4000年，原本以狩猎采集为生的人类迅速发展起农业和畜牧业。随着人口的增加，大批土地被用于耕种，可用于喂养动物的天然饲料减少，人类与家畜演变成了争夺土地与食物的关系。

虽然饲养家畜和食用肉类对人类有益，但由于部分地区环境变化，饲养的成本超过了收益。哈里斯认为正是由于以上原因，在这些地区，饲养家畜被认为是不合适的，社会通过宗教的强制力，控制人们食用肉类或禁止食用特定肉类。

有宗教信仰的人存在食肉方面的禁忌，并非出于动物是否"适合思考"的考量，而是考虑这种动物是否"适合食用"的结果。

动物"适合共同生活"

迄今为止的文化人类学认为，对于人类来说，动物一直被视为"适合思考"或"适合食用"的对象。然而，进行科学技术论和女性主义等文理融合研究的唐娜·哈拉维（Donna Haraway）给这一观点带来了新视角。在日本动漫作品"攻壳机动队"系列中，哈拉维被认为是押井守导演的电影《攻壳机动队2：无罪》中验尸官的原型。虽然哈拉维本人不是文化人类学家，但她对现代文化人类学，尤其是人与动物关系的思考，产生了重要影响。

哈拉维认为，对于人类而言，动物既不仅仅是"适合思考"的存在，也不仅仅是"适合食用"的食物，而是生活中重要的伙伴。因此，她用"伴侣物种"这个术语来重新表达对动物的看法。"伴侣"（companion）一词在拉丁语中有"共进晚餐的伙伴"等含义。

不仅仅是我们人类，所有生物都不是独自生存的。生物身体中存在着各种细菌和微生物，并通过细菌和微生物的活动来维持生命。换句话说，所有生物都在与细菌、真菌、原生质体等小伙伴一体化（becoming with）的过程中成长，我们始终在与其他多种生物的"共生"中生活着。这样的伙伴关系并非事先预设。无论是活着还是死去，我们都像是在进行即兴舞蹈一样，时刻与各种生物共同生活。

哈拉维将动物视为"伴侣物种"，既不意味着将动物视为"适合思考"的对象，也不意味着将其视为"适合食用"的对象，而是将其当作"适合共同生活"的对象。这种思考方式，

克洛德·列维-斯特劳斯
"适合思考"

马文·哈里斯
"适合食用"

唐娜·哈拉维
"适合共生"

文化人类学关于动物的三种观点

为观察包括动物在内的各生物种类带来了基本的理念变革，在文化人类学中，对人类与动物关系的理解也发生了巨变。

例如，在靠近北极的地区，人们利用雪橇狗开展狩猎活动，与狗密切互动生活。乍看之下，人类似乎只是单方面地将狗用作劳动力。然而，如果没有狗，人类将无法满足外出狩猎的需要。从这一点来看，也许该说是狗更能支配人类。然而同样的，如果没有人类，狗也会陷入食物短缺、难以生存的境地。因此，人类和狗通过相互合作得以在极寒地区生存下来。

如此看来，动物并不仅仅是人类用来思考或食用的对象。在这样的视角下，即便动物置身于人类这一概念之外，它们也始终在人类世界的内部与人类共同生活、共同繁荣、共同消亡，是不可替代的"伴侣"。这种新视角逐渐被引入文化人类学。

将目光投向纵横交错的世界

在本书中，我们介绍了探究"人类是什么，人是什么"的文化人类学研究成果，并讲述了多种多样的人类文化和社会形态。通过将视动物为"伴侣物种"这一观念引入人类学，动物便不再仅仅是"适合思考"或"适合食用"的对象，而是一种"适合共同生活"的对象。由此，我们看到了人类（文化）与自然，或者说人类这一物种与其他物种交错存在的现实。这改变了人类学对人与动物关系理解的框架，超越了仅追问"人类是什么，人是什么"，即仅涉及人类的文化人类学。

请大家再次回想一下第一章介绍的《走向永恒》。核废料可能持续存在于我们灭亡 10 万年后的未来。到那时，生活在地球上的生物可能已经成了人类之外的存在，即后人类。然而，此时此刻，我们人类也正在与人类之外的存在，即"非人类"一同生活。"伴侣物种"以及动物对于人类而言"适合共同生活"这一思想，正在引导人类学转变为一门探讨人类以外存在，或者说同时探讨人类和非人类存在的学问。

正如本书提到的那样，人类之外的存在主要是动物，不过当然不仅如此。植物、矿物等自然事物，以及由人类加工制造的人工产物等，同样是非人类。人类如何与其交错存在共同生活，这是人类学要探讨的问题。如今已经有了"人类之外（more than human）的人类学"，或者"超越人类（beyond the human）的人类学"等各种各样的叫法。正如本章开头谈到的，这与"人类世"地球面临环境危机、警钟已然敲响的现实密切相关。

本书将这种研究多物种交错的人类学称为"多物种人类学"（multispecies anthropology）。"多物种"与"人类世"一词一样，不仅在人类学，在各个领域都被使用，成为表达现代性的热词之一。接下来，我们将一起了解在多物种人类学中有哪些具体研究。

狐蝠、果树、人类之间的复杂关系

首先，我们来看看近年来多物种人类学在澳大利亚果园的研究成果。

果园经营者们经常为狐蝠烦恼，将其视为害兽。渴望经营稳定的果园经营者们采取了驱逐狐蝠并试图使其灭绝的策略。由于与狐蝠接触可能导致传染病蔓延，因此当局同意将经营者们的应对措施认定为正当防卫。然而，从狐蝠的角度来看，最初是人类砍伐为狐蝠提供食物的原始森林，将其变成果园，狐蝠陷入饥饿，才不得不袭击果园。

在果园中，为了清除狐蝠，人们设置了电栅栏，使前来寻找食物的狐蝠触电死亡。然而对于狐蝠来说，并没有饥饿致死和闯入果园遭受电击致死之外的选择。狐蝠由于同伴的死亡、饥饿、电击等刺激，免疫系统承受着多种压力。

众所周知，蝙蝠可能成为各种细菌、病原体的传播者，被认为是导致人畜共患感染疾病出现的原因之一。在全球范围内流行的新型冠状病毒也被推测为一种来自蝙蝠的高度致命病毒。[1] 如果不减轻给狐蝠的环境压力，这些病毒可能变得更加致命，威胁人类生存。如果情况持续下去，未来可能会出现比新冠疫情更为严重的灾难。

人类活动给狐蝠的生存造成了巨大影响，这种影响最终可能反噬人类自身，并导致生态系统崩溃。正如上文所述，现实中人类与狐蝠的交错出现在人类开垦原始森林、种植果树的活动中，人类与动物、植物多个物种之间有着纷繁复杂的联系。

秃鹫、牛、病原体、人类之间的复杂关系

接下来，我们再来看一下在印度涉及动物、病原体和人类的多物种民族志。

在印度，牛被用于耕作、挤奶和劳动，同时也被视为神圣

---

[1] 关于新型冠状病毒的来源，该观点仅为推测之一，并非定论。——编者注

的象征，人们不食用牛肉。因此，以牛尸骸为食的秃鹫，不会与人类形成食物竞争关系。对于秃鹫来说，印度可以说是一个十分理想的栖息环境。一头牛死后，如果将其尸体放置野外不管，很快就会有上百只秃鹫群集，仅需 30 分钟尸体就能被吃得干干净净。牛的尸骸有可能感染对人类有害的炭疽杆菌，因此这些炭疽杆菌也会被清理得很干净。孟买的帕西人（祆教徒）传统上通过天葬，将牛和人类的尸体交给秃鹫食用。秃鹫与人类之间建立了相互依存的紧密联系。

然而，在印度的一些地区，如今几乎看不到秃鹫的身影。这一现象被认为始于 20 世纪 60 年代，是一种名为"双氯芬酸"的人用消炎药开始被注射给牛的结果。这种廉价的药物适用于行动不便、患有乳腺炎或难产的牛。在印度的贫困阶层中，为了让老弱病残的牛继续劳作，人们会给牛注射双氯芬酸。结果，秃鹫吃下残留有药物成分的牛肉后，因药物影响导致肾衰竭而死亡。因此，印度的秃鹫如今面临灭绝的危机。

在印度，与秃鹫数量的减少成反比的是野狗数量的增加。野狗开始取代秃鹫处理牛的尸体，但它们在处理牛的尸体时远不及秃鹫那样迅速，处理得也不如秃鹫干净，会留下一些散碎的肉片。于是，牛的尸体污染了土地、水源和环境，传播了炭疽杆菌。

另外，野狗的增加也导致了狂犬病病毒在印度的蔓延。这不仅影响到人类，也给其他哺乳动物带来痛苦和死亡。如今，在印度，每年有 1700 万人被狗咬伤，其中 75% 是贫困人口。96% 的狂犬病患者是被狗咬伤的，全球狂犬病死亡人数的 60% 左右都来自印度，每年为 2.5~3 万人。而且，死者中近九成是贫困家庭的成年男性。家庭失去了主要的劳动力，将进一步陷入经济困境。因此，印度的经济贫富差距无法得到缓解。

如此看来，人类和动物并非各自独立生存，而是通过相互捕食、驯化、彼此影响，相互依存交织在一起。

牛的尸体曾经是秃鹫生存的支柱。然而，为了让牛更多地服务，人类给牛注射药物，从而导致秃鹫纷纷死去。不仅如此，秃鹫的死造成病原体广泛传播，给人类带来苦难和死亡。在这种超越人类的多个物种的复杂纠葛中，秃鹫、牛和人类，每个个体都在彼此的生与死中承担着重要的角色，具有重要的意义。

从多物种角度思考的人类世时代

想必各位读者已经了解到，我们的现实、我们的世界并非仅仅由人类构成，而是在与各物种的相互影响中形成的。

关注包括人类在内的多物种之间的关系，为我们面对的人类世时代的全人类问题，提供了重要的启示，这正是我们在现代生活中所需要的。

将太阳辐射作为唯一来自外部强制力的系统被称为地球系统。一直以来，地球环境变化仅通过这种强制力来解释说明。

例如，太阳活动的变化，导致地球气温的大幅波动，带来了冰河期等地球环境巨变。

然而，20世纪90年代以来的古环境学研究揭示，地球的环境变化实际上并非源于太阳等地球外部因素，而是由人类活动等其他因素引发的。也就是说，对于地球范围内的环境变化，仅是人类这地球上的一种生物，便已经拥有了巨大的"力量"。这是通过科学数据证明的。在地球诞生46亿年，生命出现38亿年的历史中，没有其他任何一种生物能够像人类一样在这么短的时间内对地球环境造成如此巨大的压力。

前文已经提到过，人类世是一个新的地质年代，由担忧人类这个物种对地球环境造成巨大负担的学者于2000年之后提出。在将人类世纳入思考范畴时，我们不得不考虑由人类活动引起的生物种类破坏和包含人类自身消失的"种族灭绝"。总而言之，人类不是独立存活、与其他生命隔离的，而是在各种关系中生存和发展的，我们现在需要重新审视这一点。

人类呼吸的氧气是由植物产生的。人体内的无数微生物帮助消化，保护我们免受病原菌等外部威胁。这样看来，人类是在多物种的纠葛中生存的。多物种人类学通过关注这些方面，试图以包含人类在内的多物种活动为中心，审视世界的形成。人类世与多物种人类学密切相关。

对于人类世何时开始的问题，存在各种争议。有人认为人类世并非始于人类的出现，而是始于14~16世纪，这一时期开始，土地生产力转移为世界市场上的殖民主义劳动生产力，并产生了"廉价的自然"，这种不平等的资本主义关系正是造成社会和环境危机的根源。还有一种观点认为，人口和能源使用量的增加，以及20世纪中叶迅速发展的"大加速"（great acceleration）才是人类世的重要标志。然而，这些争论的基础历史观本身，正如第一章所介绍的那样，似乎同样受到19世纪文化人类学陷入的"进步"和"进化"概念的支配。

引领多物种人类学的人类学家罗安清（Anna Lowenhaupt Tsing）认为，"人类世不是从人类出现的时候开始，而是始于资本主义这种人类活动活跃时期"的历史认识本身受到了"进步"概念的支配。她指出，在认为文化和社会呈阶段性进化的历史观背后，暗含了一种认知，即我们人类可以预见未来，而其他生物只能"活在当下"，它们不得不依赖我们人类。

请回想一下第三章中谈到的普南人基于分享理念构建的世界。我们的社会鼓励拥有个人财产，而普南社会则正相反，不鼓励拥有个人财产。用所谓"进步"的历史观来对比这两种社会时，不注重拥有个人财产的普南社会可能会被视为"落后"。实际上，究竟哪种社会更好是无法说清的。但是，当我们考虑现代日本社会的扭曲时，反而时常会感受到普南社会的富足。

因此，我们常常会习惯于一种想象，即人类的历史是以"进步"的方式不断形成构建的，一旦这样想，那么人类之外的一切存在都将被困在这个假想的框架中。当我们稍微脱离这个被承诺前进的步伐时，我们会发现另一种时间模式始终存在。

　　每个物种都通过季节性的生长、繁殖以及地域迁徙，重塑着这个世界。无论哪种生物，每个物种都在其独特的时间框架内繁衍、变化，不同物种相互交错，共同创造着生物景观。

　　如此说来，以"人类"为中心的人类世过于将人类这一物种置于台前，而隐藏了部分内容，即人类与人类之外的存在。多物种共同参与了"世界创造"。我们有必要对此深入探讨。罗安清指出，研究者们沉迷于人类不断扩大对其他生物的生存产生的影响，却一直忽视了其他可能发生的事情。从"进步的人类"这一前提出发，将视角转移到多种生物参与的"世界创造"，或许我们需要重新审视我们的星球发生了什么变化。

　　从这一意义而言，斋藤幸平的《人类世的"资本论"》可能过于强调将资本主义作为前提。因此，书中主张的看待世界的视角，看似是诉诸大自然，其实也只是在资本主义这个人类自己创造的制度框架内考虑。尽管"人类世"这个词是为了质疑人类中心主义而产生的，但人类世的讨论本身可能就存在着人类中心主义的危险。多物种共同参与的"世界创造"属于资本主义或"进步"历史观之外的领域。当然，试图描述这一切的新文化人类学也必须破除原有的基础，走进新的领域。

　　关于多物种共同创造世界这一点，让我们来了解一下罗安清关于松树、松茸、菌根真菌、农民之间多物种密切联系的民族志研究。

在贫瘠的土地上，松树和菌根真菌共生，菌根真菌长大后成为松茸。农民们进入松树林寻找燃料和肥料，介入并影响生态系统。于是，松树就避开了被排除出生态系统的风险，对于松树而言，形成了一个被适度"扰乱"的环境。

换言之，松茸的生长是松树、菌根真菌、农民（人类）多物种相遇的结果。在日本，松茸通常被作为昂贵的礼物批发给特定的零售商，用于构建人际关系，由此形成了社会联系。尽管松茸一度从自然中被剥离出来，但它并不是在人类社会中被简单地消费掉，而是作为人类和自然相互交错的产物，给人类社会带来了影响。

重新审视人类中心主义：人类学本体论方向的转变

多物种人类学强调这样一种观点，即人类并非地球上唯一的主角，一个人类与人类之外物种构成的世界已先行存在，重视对人类生与死的思考只是其中的一部分。通过民族志，我们探索如何以这种思维方式去看待世界。过去、现在、未来，人类都不是单独生存的，而是与动植物、菌类、石头、树木等自然物，以及人类制造出来的人工物品一起存在。创造这个世界并走到今天，这是一个简单但非常重要的对世界的理解。

这是一个超越传统文化人类学认识论的问题——由如何理

解我们人类多样的世界即异文化，转向一个更根本的问题，即我们所知的世界是如何"存在"的。在近年的文化人类学中，这被称为"人类学本体论方向的转变"。

普南人的神话认为"文化"是从"自然"中诞生的，本书也介绍了许多原住民社会常常认为各种人类之外的事物也拥有人性。这意味着人类学研究迄今为止所接触到的原住民已经意识到世界是由多物种共同创造和维持的。经历了"本体论方向转变"的人类学正试图重新回到这一点。

大自然是独立于人类活动而存在的唯一且绝对的现实，人类在此基础上创造了文化、社会，发展了各种科学技术。这是我们现代人通常预设的世界观。但是，这种认为人类在地球上创造了多种多样文化的"多元文化主义"价值体系，恐怕难以从根本上解决"人类世"所面临的问题。现如今，我们可以通过重新评估非西方社会的本体论，比如把动物也看作是人，把山也看作有感知能力的存在，来应对包括人类在内的多物种所面临的困境。

人类学，顾名思义，是一门以人为中心的学科。这样的人类学正在尝试走向不再将人类置于核心的方向。换句话说，一种蕴含着矛盾意味的人类学诞生了，即这是一门"不将人类置于核心位置，却以人为中心的学科"。这种语义上的矛盾，恰恰显示我们以人类为本位来理解和设计这个世界的事实。这门学科的发展轨迹已经被铭刻在"文化人类学"这一名称中。

如果我们要在未来生存下去，就必须采取与传统文化人类学不同的立场和方式。当前人类学本体论方向的转变和多物种人类学开始关注面向未来的"设计"，而不仅仅是与过去和现在相关联。

本体论设计是什么？

20 世纪以来，经济高速增长等因素推动消费主义兴起，"设计"一词主要是指"物品"的设计，如广告海报、工业产品、时装等。然而，正如文化人类学在 21 世纪经历的重大变革一样，设计也发生了重大变化。设计的对象已经扩展到金融、政策、教育、职业、医疗、护理、体育等与人类相关的"事物"。在这种趋势下，传统以人类为中心（human centered）的设计正在受到质疑，用以构想未来的"超越人类中心主义"（more than human centered）的设计不断被提出。

20 世纪六七十年代，人们相信在一个大规模生产和大规模消费的社会中，通过对人类行为、认知和经验进行科学分析，可以实现能够更好服务于人类的设计。进入八九十年代，人们开始追求更有针对性的、考虑用户舒适度的、以用户为中心的设计。

然而，进入 21 世纪，虚拟的人类和用户的中心地位开始被质疑，人类中心主义设计受到挑战的时代到来。在地球环境问题愈发严峻的情况下，设计的目标是避免对环境产生负面影响，重新定义人类与现实之间的关系。为了实现这一目标，"思辨设计"（speculative design）被提出。

我们应该如何理解超越人类中心主义的设计呢？

近年来一些家庭在考虑环境问题时，会在家里设置"堆肥桶"来处理生活垃圾。这是将家庭产生的生活垃圾、落叶、粪便等有机物通过微生物的作用进行发酵和分解，制作成堆肥。堆肥本身或存放堆肥的容器，如今在日本都用其日文音译词来称呼。过去，农民家庭会把排泄的粪尿存放在粪池中，加上收集的食物残渣，储存一段时间，使其发酵分解成堆肥，作为农作物的肥料。被遗忘的智慧以一种适应现代生活的形式被引入，越来越多的人开始使用堆肥。

现代家庭堆肥时，每天收集食物垃圾并将其放入装有土壤的桶中。在桶中，微生物以生活垃圾为食，进行发酵和分解，将生活垃圾变成堆肥。在重复这个环节的过程中，家庭成员们逐渐开始讨论土壤的变化，他们会意识到其生活依赖于微生物这样的其他物种，这些微生物肉眼看不见，但确实存在。

堆肥不仅仅是由土壤，更是由微生物的活动产生，微生物的活动也影响着人们的行为和感受方式。这涵盖了"世界是如何存在的"这样一个非常本体论的问题。

"通过人类设计之物来设计人类社会"

上平崇仁是一位平面设计师兼设计研究者，他在著作《共同设计》一书中讨论了"本体论设计"。由千利休设计的茶室小门"蹦口"要求任何威风凛凛的武将都必须放下刀剑，弯腰鞠躬才能通过。这样的设计强制使在入口处聚集的人们变得平等。

历史上，利用人类的设计作品反过来设计、规约、限制人类社会的例子不胜枚举。据说，人类在旧石器时代制作并开始使用石刀之后，为适应工具的形状，人手的形状也随之改变。同样，人类创造出汽车，并修建公路，由此造成交通拥堵，结果给人类带来了压力。至此，人类设计了世界，反之，世界也设计了人类。

目前正在进行一些不再只是由人类设计师设计，而是在"超越人类的世界"中由人类和非人类协作进行设计的实验。

在印度尼西亚，有一个项目是将插有珊瑚种子的桌子骨架沉入海底，并将其与电源连接，通过氧化还原反应形成珊瑚礁，同时制造家具。当地居民严重依赖珊瑚礁海的旅游业和食品供应，但由于海洋环境的变化导致气候波动，珊瑚濒临灭绝。因此，为了解决大规模生产和过度开发造成的环境问题，人类和非人类（珊瑚礁）共同创建了这样的"海底工厂"。这不是人类在地面上建立的大规模生产工厂，而是一个尝试在海底让非人类（珊瑚礁）与人类"共同"工作的地方，这是一项"超越人

珊瑚礁海底工厂

大卫·埃农（David Énon）、富埃德·卡德-哈奇（Foued Kad-hachi）及戴尔芬·罗布（Delphine Robbe）摄，引自埃农 2019 年的论文

类中心主义"的实验性设计。

　　以这种方式，艺术家和设计师通过他们的艺术作品和设计，积极应对人类世提出的全球性问题。这种设计方式对多物种人类学具有非常重要的启示意义。今后，两者的活动将相互激发，密切交织。

向着多物种创造的未来开放

　　"思辨设计"的想法在当今的原住民运动中也可以找到。目前，世界各地都在发生这样的运动，即原住民根据自己的世界观对国家制定的"法律"和"权利"不断提出疑问。

例如，新西兰的毛利人长期以来一直认为流经其圣地的旺格努伊河具有人性。由此可见，在非人类实体中发现人性的想法也得到了毛利人的肯定。每当有人谈论开发旺格努伊河时，毛利人都会反对，并要求政府赋予这条河流法人资格。这一由来已久的呼吁后来被认同，并于 2017 年获得批准。这恐怕与本章介绍的气候变化和人类世问题不无关系。同样的，印度政府承认恒河和贾木纳河的法人资格，哥伦比亚也颁布了赋予山脉法人资格的法律。

除了像毛利人这样持传统思维方式的人，让其他人认可河流拥有人性恐怕是件很难的事。正因如此，将洪水和泥石流视为河流自身的声音，并试图去思考如何回应这种声音才是重要的，而不是将河水泛滥视为灾害，一味地以人类为中心去治理水域和利用水资源。如果我们都能尝试从这个角度思考问题，那么，承认河流拥有法人资格的意义就会显现出来。因此可以这样讲，赋予河流法人资格，是一种与人类以外的多物种共存、共生的实验。

就这个意义而言，这种"为自然确立法律权利的运动"并不将人类视为地球唯一的主宰，可以说是一项非常具有思辨性（前瞻性）的运动。

只有当许多人从自身出发，具体思考人类和非人类的关联时，才能开辟一条将与人类世各种问题相关的多物种思考真正运用于社会实践的道路。

2021 年，探讨近未来科技创造的文化杂志 *WIRED* 与索尼创意中心（Sony Creative Center）、科幻原型设计研究所（Sci-Fi Prototyping Institute）共同合作，分析了"2050 年将会发生什么样的社会变革"，并提出了四个关键词作为未来的设计愿景。在"HOMO DIVIDUAL"（与赛博分身同行）、"CONVIVIAL AI"（与 AI 共处）和"WELLBEING-WITH"（共生的幸福）之外，"MULTISPECIES"（多物种）被选为第四个，也是最后一个关键词。

在这些分析中，"多物种"在构建设计愿景方面，被视为涵盖整体的概念。该项目设想在 2050 年实现一个由动物、植物、菌类、人工智能，以及物体、精灵、神等多种多样的存在构建的社会。

文化人类学起源于对人类的探究，在很长时间里一直以象征主义和唯物主义的方式解释人类以外的存在，比如将动物等置于人类世界的外部，定位为"适合思考"或"适合食用"。然而进入 21 世纪，在超越这种人类中心主义思想的过程中，动物被重新诠释为与人类交织在一起，与人类共存共荣的存在。

长期以来一直被置于人类社会之外，以人类中心主义的方式被理解和控制的人类以外的各种存在，现在被重新认定为是在与人类的共存关系中产生的。这也告诉我们，人类自身也一直生活在这种关联之中。

在展望和构思未来的同时，文化人类学与设计领域一道，将视野拓宽到人类世界之外，不断意识到人类只不过是众多物种之一。可以说，文化人类学正以一种新的方式向未来敞开大门。

多物种的思考方式可以从根本上重新审视人与自然的关系，并教会我们如何度过即将到来的时代，这是一个并非只有人类，而是所有物种携手共存的时代。

第六章

我、旅行与文化人类学

文化人类学是一段解放自我于野外的"旅行"

本书介绍了文化人类学的各种观点，以及文化人类学所探讨的丰富多彩的人类文明。此外，我们在上一章中还触及一个热门话题，也就是在环境危机的时代如何重新思考人与自然的关系，这对于 21 世纪的现代人类学而言，也是一个十分紧迫的问题。

文化人类学涉及的问题如此丰富且广泛，那我又是如何与这门学科相遇的呢？本章我想换一个话题，来谈谈自己的前半生。虽然有些不好意思，不过希望能够以"我"的例子为参考，让读者们感受到文化人类学这门学科可以对一个人带来怎样的影响。

回想起来，其实我从小就是一个梦想远走他乡，看遍天下奇观异景，与素不相识的人们相遇、交流、共处的人。虽然本书多次介绍过的列维-斯特劳斯曾写下"我不喜欢旅行和探险家"，但我和文化人类学的相遇却与旅行密不可分。对我而言，是先有"旅行"这个行为的，"旅行"让我飞往未知的地方。而我现在还能继续做文化人类学研究，也多亏了旅行的惯性，将自我解放于野外。因此，我将本章命名为《我、旅行与文化人类学》。

我与 M 的相遇，以及"逃离日本"的野心

我与"旅行"的第一次相遇，或者说第一次在恍惚间意识到，自己要飞往与目前所处的世界完全不同的"别的地方"，应该是在 1977 年，我上高一的时候。那年冬天，我在足球训练时不小心被踢断了左侧锁骨。我立刻被送到医院，上半身被打上了石膏，不得不休息了一周时间。

还记得班主任要求我"在家也要看看课本，别把功课落下"，但我什么也不想做，每天只是钻在暖炉桌下幻想着各种事情。

"考大学是怎么一回事？""活着是为了什么？"这些青春期的孩子很容易出现的"烦恼"在我的脑海中一一浮现。

"考上一个好大学，入职一家好公司"这种模糊的人生蓝图在那为期一周的静养期内迅速消散了。当时我家附近有个 40 岁左右的名叫 M 的人，他和几个年轻人组成了一个夜跑小队。后来等到锁骨恢复之后，我也报名了晚上 9 点的夜跑。

我和 M 是在一个童军活动上认识的。当时他带我爬到后山

上，用石膏制作鹿的足迹模型、用小根蒜等野草做饭、划着皮艇顺流而下，教会了我许多户外活动。据说他年轻时曾周游美国、墨西哥、菲律宾等地，所以他给我们讲了许多有趣的故事。当时社会上正掀起反核运动的浪潮，我便是从 M 口中得知了这项社会运动的重要性，后来还跟着 M 参加过反核游行。

所谓的夜跑就是跑 30 分钟左右出出汗，然后和几个高中生晃晃悠悠地走到 M 的家中，和他一直聊到深夜。

M 的书架上有很多有趣的书，我有时会从他那里借来几本读。我最喜欢的是记者本多胜一的著作。本多胜一在《思考山峰》一书中写到，"不为人所为，为人所不为"才是"先驱事业"，并强调这种顽强精神的重要性。高中时候的我便对这种精神产生了向往。本多胜一就是当时的先驱，他曾作为记者到世界各地探险，并记录下当地人的生活样貌。读完他走访新几内亚高地人、加拿大因纽特人以及阿拉伯游牧民族后写下的著作《极限的民族》后，我就被那些陌生的广阔世界深深吸引住了。

《极限的民族》讲述了他于 1963 年探访新几内亚岛西巴布亚的达尼族、莫尼族以及阿亚尼族时的经历。书中描绘了一个栩栩如生的世界：戴着一种名叫科萨卡的阴茎鞘，互相拉扯着睾丸的外皮以示亲近，并以舞蹈向他人打招呼的男人们；因为当地的习俗要求，亲人去世后要切断一根手指，所以以手上只剩一根大拇指的老太太；挤在猪圈里和家养的猪一起入睡的女人等。这些"新几内亚高地人"的世界令我心驰神往。

彻底沉迷于新几内亚的我又购买了第二章介绍过的马林诺夫斯基的著作《野蛮人的性生活》，买来便手不释卷。虽然对于高中生而言这是一本昂贵的专业著作，但是在那个没有色情影片的时代，这本书赤裸裸地记录了性最立体的样貌，让我惊叹不已，不禁担心"自己真的可以看如此大尺度的书吗"。书中的特罗布里恩群岛于我而言充满未知与神秘，特别是岛上原住民的性生活已经占据了我的脑海。

这其中就包括第二章所介绍的"性交与怀孕无关"这一令人诧异的观点。即便妻子在丈夫长期外出期间产下一个孩子，丈夫也会十分高兴，视若己出，心甘情愿地将孩子养大成人。

那时我还看过一本关于新几内亚的书，是彼得·马西森（Peter Matthiessen）的《20 世纪的石器民族：新几内亚达尼族全记录》（Under the Mountain Wall: A Chronicle of Two Seasons in the Stone Age）。这本书整理自 1961 年哈佛 – 皮博迪探险队在西巴布亚的巴列姆（Baliem）山谷中的调查记录。书中描述了一个神经极度紧张的世界：家养的猪不断被人盗窃、部落里的女性一旦失去保护就会遭受袭击、敌人的长矛随时都有可能飞到头上。但在这种日常生活的背后，一种享受性爱、向死而生的达尼人生活方式却跃然纸上。

当时的我一边开开心心地读着这些"新几内亚著作"，一边还看了小田实凭借美国留学时的奖学金周游世界后写下的《什么都去看一看》，这些书都让我意识到了自己所处的世界是

墨西哥西马德雷山脉中的特佩瓦人

多么渺小，同时也让我萌发了一个想法，那就是到一个远离日本的地方去看看。

等我进入大学之后，"逃离日本"的想法愈发强烈。我想去一个没多少人去过的"遥远"的地方。

前往墨西哥西马德雷山脉中的特佩瓦

进入大学后我就开始琢磨"如何在现实中逃离日本"。我先是学会了西班牙语，然后又跑到了美国。那是1982年的夏天，我在一家纺织公司做夜勤和保安，积攒旅行资金。那时候的 1 美元还可以换 270 日元左右。

当时我读了社会人类学家爱德华·埃文斯-普里查德主编的《世界民族》，在第四卷《墨西哥·中美篇》末尾的民族一栏中找到了一个名叫"特佩瓦"的墨西哥本土民族。因为篇幅不长，所以我猜测关于这个民族的研究还比较少，值得一去。

那时还没有互联网，我出发时所能依靠的信息就只有书里的一句"从梅斯基塔尔（Mezquital）可前往他们的居住地"。如此鲁莽的旅途，正是我所追求的"冒险"。

从美国西海岸的洛杉矶南下，跨过国境线进入墨西哥，在太平洋沿岸的西部城市马萨特兰换乘夜班车，第二天早上便到达了西马德雷山脉脚下的城市杜兰戈。当时我只知道，这是鲍勃·迪伦的歌《杜兰戈的浪漫》（*Romance in Durango*）中唱的城市。从这里，我还要继续乘坐巴士前往那个叫作梅斯基塔尔的小镇。去那里是为了寻找可以带我去特佩瓦土著村子的人。

镇子上商铺的女店员警告我："别去那个地方，去了他们会剪掉你的那个东西。"等了好几天，我才找到一辆愿意捎我一程的卡车。

卡车沿着颠簸的土路爬上山，我被放到一幢叫作"国家土著研究所"（Instituto Indigenista Nacional）的建筑门前。一位在这里工作的墨西哥人（梅斯蒂索人）阿图罗·阿亚拉带我去他家中作客。

通过他，我与特佩瓦人接触了大约 1 个月。我和研究所职员们的关系也很好，他们向我讲述了一些墨西哥原住民面临的问题，而且几乎每晚都会邀请我去参加他们的宴会。我跟着他们去探访特佩瓦人的村落，还得到了一份小礼物，那是一种名叫乌羽玉（*Lophophora Williamsii*）的致幻植物。

特佩瓦的男人们只要有了现金收入，就会从白天开始喝大酒，醉得不省人事。在那里，我感觉自己仿佛是在观察美国资本主义的权力结构。有一次我遇到特佩瓦人在举行祭祀，正当我把相机对准他们时，突然有个特佩瓦男性猛冲过来，还将鞭子挥向我，试图阻止拍摄。

后来，因为研究所的职员们要回镇上休假，我也顺路乘坐他们的车离开了特佩瓦人的聚居地。

在孟加拉出家为僧，漫步库尔德人聚居区

经历了人生中第一次"远行"后，回国的我感受到的便是逆向文化冲击。众所周知，文化冲击是指一个人在接触到与自己习惯的社会文化完全不同的异国或其他文化时所受到的心理冲击。那么反过来，逆向文化冲击就是指一个人从异国他乡回到平时生活的世界时，由于重新感受到自己身边的文化中存在的某种异样而受到的心理冲击。我在那段时间里便遭受了严重的逆向文化冲击。有一段时间，我无论是看电视还是读书，

抑或是和别人聊天，基本上做什么都只觉得空虚。话语和声音无法传入大脑，有一次我坐电车时甚至感觉（误以为）车厢里的乘客没有脸。

后来，当我逐渐适应了生活多年的日本，终于从逆向文化冲击中恢复之后，那种想去"外边""远方"的感觉又开始躁动。离开特佩瓦后，我对南北问题产生了兴趣。于是，我看遍了包括苏珊·乔治（Susan George）的《另一半如何死亡：粮食危机的真实原因》（*How the Other Half Dies: The Real Reasons for World Hunger*）和冈纳·缪尔达尔（Gunnar Myrdal）的《亚洲的戏剧：对一些国家贫困问题的研究》（*Asian Drama: An Inquiry into the Poverty of Nations*）在内，一些按现在的说法叫"国际合作"领域的书籍。

如此一来，我的心中萌发了去一趟赤贫国家的念头。当时的日本是世界经济排名第二的大国。那么世界上最贫穷的国家在哪里呢？带着这个问题，我于1983年，也就是我从墨西哥回来的第二年来到了孟加拉国。从东南亚到孟加拉国，再到印度，我花了大概半年的时间。

孟加拉国的首都达卡街头有许多孩子，他们似乎是1971年印巴战争的战争孤儿。由于无法支付丧葬费用，很多尸体只能被随意堆积在大街上。当时我觉得自己来到了一个"无法想象"的地方。

孟加拉国寺院的剃度仪式

　　旅途之初我曾绕道泰国和马来西亚，因此等我抵达达卡时，几乎花光了身上的 50 万日元，所以我只好走进一家佛教寺院请求留宿，当然这是免费的。我在那里还患上了急性肠炎，上吐下泻着被人送进了大学医院。可是医院给我输的点滴里可能混进去了什么杂质，导致我的情况进一步恶化。幸好有日本国际协力机构（Japan International Cooperation Agency，JICA）[①]的日本医生赶来为我救治，这才保住我的一条命，并回到那家佛教寺院。

－－－－－－－－－－

[①]　成立于2003年10月1日，前身是成立于1974年8月1日的日本国际协力事业团，是直属日本外务省的政府机构。作者所叙述的应是日本国际协力事业团时期。

这时，寺院里的和尚对我说："既然你九死一生，而且还住在寺院，想不想当个僧人？"孟加拉地区的佛教不是日本的大乘佛教，而是上座部佛教，信徒一生中会有一次出家为僧的机会。

我连连答应："我想，我想。"于是我削发为僧，举行了剃度仪式，得到了一件黄袈裟和一个意为"世界之友"的法名"波须波多"，短暂地修行了一段时间。

那时候的我每天早晨外出托钵化缘，中午诵读经文。这种生活持续了一个月后，我又踏上了旅途。我从达卡飞到加尔各答，以僧人的模样前往菩提伽耶。旅程中除机票外一律免费。僧人在印度是一种很特别的存在，大家都愿意施舍僧人。最后，我来到了圣地菩提伽耶，在佛陀开悟的菩提树下还俗，随后返回日本。

这次原本以南北问题为主题的旅行，在经历了九死一生之后居然让我意外成了一名僧人，最后这场旅行还加深了我对包括上座部在内的各种佛教宗派的兴趣。

回国后没过多久，我那渴望旅行的心又开始蠢蠢欲动。这一次我想去西亚，还想定了一个新主题，即"人类的纷争"。深思熟虑后，我决定前往库尔德人聚居区。那是1984年的事情。

我先飞到了希腊的雅典，然后再坐火车到伊斯坦布尔。土耳其的每个城市都会有一家名叫 Genelev 的国营妓院。"Genel"

在土耳其伊斯坦布尔，博斯普鲁斯海峡的加拉塔大桥上，用刚捕到的鱼制作炸鱼三明治的小摊

的意思是"我们的"，"ev"的意思是"家"。藤原新也在 1982 年出版的写真集《全东洋街道》中介绍过 Genelev。土耳其的地形以高原山地为主，人们被迫生活在坚硬的土地上。这种生存环境与"我们的家"中柔软妖艳的肉体形成了鲜明的对比，让我感受到了这个世界的魅力所在。

在库尔德人聚居区旅行的过程中，我一直在思考，那些将库尔德人视为少数群体的"国家"到底是什么，而这次旅途也让我和这个问题有了直接接触。

到这里，我为大家讲述了我在大学时期的旅行经历。哪怕带着预设好的主题前往目的地，我本人在旅行的过程中也会发生变化，并最终改变整个旅行的目的。如今回想，这也许就是旅行的常态。

在印度尼西亚的一年流浪

1985 年，从大学毕业的我进入一家贸易公司任职。1985 年就是日本签订《广场协议》，政府宣布要推动日元升值的那一年。到了第二年也就是 1986 年，日元与美元的汇率涨到了 1 美元兑 150 日元，也就是从那时开始，日本人去海外旅游变得格外便宜。

当时的我依然坚持想去偏远的地方，所以虽然也通过了外务省驻外使领馆派遣人员的考试，但又觉得如果进入贸易公司并外派的话可以更自由地被派到"远方"，因此最后决定进入贸易公司。然而现实却并不那么顺利，我在日本数着日子，一直熬到了 25 岁左右。

当时我有个朋友要在印度尼西亚结婚，为了参加他的婚礼，我辞去了工作三年半的贸易公司，决定沿着印度尼西亚群岛流浪一年。由于有在贸易公司工作的经验，所以我还幻想着能不能在印尼发现什么商机，开家进出口公司过日子。不过这次旅行依然是大学时期旅行的延伸，最主要的目的还是去探访我从未去过的地方。

与前几次旅行类似，我的旅行风格就是住民宿，为的是

"学习当地的生活与文化"，酒店是住不到民宿之后的选择。因此我有很多与当地人接触的机会。

我在巴厘岛和爪哇岛上遇到了很多日本人。他们大多是年长我15岁左右的"团块世代"①。有一个人说自己在旅行中找到了梦想。还有一个人自称毒品研究专家，在东南亚和印度尝试了很多毒品，还说："我在印度的提鲁沃嫩塔布勒姆吸食大麻的时候就明白了一切。我看到一条线连接人与上天。那是我这辈子体验过的最厉害的药物幻觉。"他还说，第二厉害的是苏门答腊岛上的迷幻蘑菇。我在雅加达还遇到了一个人，他毕业于日本某国立大学，却已经流浪了20多年。他说："我在欧洲翻垃圾桶的时候，对面一户人家把我招呼进门，然后我在那里就有了孩子。这么说吧，我都数不清我在世界上有多少个孩子。"

我还记得，到了20世纪90年代中期，像《走遍全球》这样的旅游指南才逐渐丰富起来，明星搭便车旅行的电视节目开始火爆。学校也开始流行海外毕业旅行，不知旅行是变轻松了，还是变成了一种快捷的消费方式。至于团块世代的那种嬉皮士一样的旅行，则与"流行"或"便捷"等印象完全无关。换言之，他们可能只是踏上了一次自我创造的个人之旅。

我在印度尼西亚旅行是1988年9月到1989年8月，其间

---

① 日本二战后第一次婴儿潮，即1947~1949年出生的一代人。

刚好日本的年号由昭和变为平成。我每隔 2 个月就会离开一次印度尼西亚，然后再用旅游签证回到印尼。除了西巴布亚（新几内亚岛）和马鲁古群岛，印度尼西亚我基本上都去过了。我在旅行中还学会了印尼语，这是一门在印尼，以及新加坡和马来西亚部分地区使用的语言。

我在东印度尼西亚的松巴岛上曾经遇到一位 70 多岁的老人。他经历过日军占领时期，所以会说日语。他甚至能在昏暗的夜晚借助灯光，用肉眼流利地阅读我带来的日语-印度尼西亚语辞典，而那些老眼昏花的日本老人可做不到这一点。我问他保持视力的秘诀是什么，他教给了我一种独特的健康疗法，即"用鸡蛋蛋白滴眼睛"。我看他的眼睛明亮有神，颜色鲜艳，所以马上想到这或许是一个商机，于是追着问了不少。老人说自己知道 172 种民间疗法，比如眼睛上长了疙瘩，可以把椰子皮放在脸上，让病眼透过椰子皮上的 3 个孔往外看，然后由旁人瞄准那只眼睛，朝着椰子扔石头给予刺激。

老人还教给我春药的做法。老人说，需要准备的东西有三样。一是儒艮分娩时的眼泪。二是妓女性交时分泌的爱液。这个妓女需要有孩子，而且还要住在妓院的二楼。当这样的母亲忙于工作时，饥肠辘辘的孩子会不停地从二楼下来催母亲做饭，然后母亲会训斥："一边去！"并敲一下孩子的脑壳，第三样东西便是此时孩子流出的眼泪。老人说，将这三样东西混在一起就是春药。

在印度尼西亚巴厘岛寄宿的一户人家中，人们在布置舞会

老人笑着回忆，自己曾在年轻时把这个春药用在一位寡妇身上，做过一些"坏事"。

于是乎，我的注意力从寻找商机转移到了这些人的故事上。当我周游印度尼西亚时，人们所讲述的独特世界全部让我兴奋不已。此外，我还记下了一大堆风俗习惯、传说、民间故事以及神话。他们的精神世界到底是什么样子？我的好奇心越来越重。

当结束了为期一年的印度尼西亚流浪之旅，回到日本后，我萌生了一个出发前从未有过的想法，那就是考研究生，学习文化人类学。

两次文化人类学田野调查

分属印度尼西亚、马来西亚、文莱三国的加里曼丹岛的西部有一个名叫坤甸的城市。坤甸的人口约 64 万，印度尼西亚最长的河流——卡普阿斯河横穿了这个城市。城市的名字来自一个因难产而丧命的幽灵。从坤甸溯流而上，在那位于赤道的热带雨林中，居住着许多风俗各异的人们。

1994 年到 1995 年，刚走上文化人类学这条道路的我进行了为期两年的田野调查。我将研究的重心放在了印度尼西亚西加里曼丹省腹地的一个种植水稻的农耕民族加里斯人身上。这次调查研究的主题是萨满教与巫术，这主要是因为我从小便对灵异现象和超自然现象特别感兴趣，远在墨西哥那次体验幻觉之前。

本章开头提到的 M，曾经在距离我老家房子三户远的邻居家见过鬼火。那家人后来请来了巫师，说是家里有一个落魄武士的灵魂在作祟。我也被这个恶灵"鬼压床"过。由于我的父母曾经是邻居，所以我的祖辈有三位都在我身边。小时候，他们给我讲了不少神仙故事，还有一些关于生死的怪事奇谈。

在加里斯进行田野调查时，我拜入一位女萨满的门下，参加各种仪式，学习其中的奥义，并将这些收集来的资料写成了一本民族志。弥生时代到中世[①]的日本人也许就过着加里斯人一

---

① 从公元前10世纪至公元16世纪末。

样的生活，如今见到这幅场景可谓怀念。

人类从诞生到现在已有约 20 万年的历史，而开垦土地、种植粮食的历史却不到 10000 年。在此之前，人类在漫长的岁月里一直都是通过狩猎采集活动来获取食物的。因此可以说，狩猎采集这种生活状态要比那些令人怀念的加里斯人的生活状态历史更久远，更能激发人们对人类早期生活的想象。

于是我想到，若要探究人类的本源，就必须追溯狩猎采集时代的生活方式。

2000 年开始，我频繁地与一个同加里斯人一样居住在加里曼丹岛马来西亚一侧，以狩猎采集活动为生的民族普南人来往。2006 年之后，我开始和普南人一起生活。我在第三章中详细介绍了他们的生活。他们的行为规范和价值观超乎想象，对于生活在现代日本社会的我们而言充满了启示意义。

旅行的经历改变自己和他人

回想起来，虽然我的兴趣点经常改变，但是离开熟悉的地方，前往"远方"去探索"人类的存在"是一个永恒的主题。可以说，我的旅行从立志要逃离日本的那一刻起就注定是文化人类学的旅途。

高中时期的我还在兴奋地想象着世界的边缘生活着什么样的人们，后来我在旅途中探访了许多地方，与世界边缘的人们一起生活，记录并思考他们的生活与思维方式，并以此为职业。每当想到这里，我都会感受到旅行对我的影响之大。

2019 年，一位素未谋面的日本女士给我发来一封邮件，上面写着："1982 年在墨西哥山中漫游的人是你吗？"

她是我大学期间探访墨西哥西马德雷山脉的特佩瓦人时，曾帮助过我的那位墨西哥国家土著研究所工作人员之子的日本朋友。1982 年时，那位梅斯蒂索研究员的儿子还没有出生。

据说，他的儿子在成长中从父亲那里听到了关于我的回忆。长大之后，他在世界各地旅行，以前来日本的时候居然还找过我。

一个儿子从父亲那里得知，曾经有一位日本人跋山涉水地来到墨西哥的腹地，而这个儿子长大后也在世界各地旅行。我总觉得这个故事中隐藏着旅行的本质。

旅行不仅仅会在目的地得到什么并带回出发地，还会为当地的人带去某种影响，成为激发新旅行的动力。

指引我萌生"逃离日本"的念头，甚至可以说是指引我成为文化人类学者的 M，于 2021 年在菲律宾去世了，那年他即将迎来 80 岁生日。他一生都在旅行，也结束于旅行。他的旅行经历以及由此形成的世界观深深影响了我，我的旅行经历又通过那位墨西哥父亲传给了他的儿子，最后重新回到了我这里。这本讲述旅行经历的书不知又会为各位读者带去怎样的影响。

将坐立难安的冲动和飞扬的思绪化作动力，前去旅行，为自己带来变化，为他乡的人们带去影响，这种可能性便是旅行的妙处所在。

对我而言，文化人类学就是从这些旅行经历中提炼出来的一门"五彩斑斓"的学问。今后，我也将继续我的文化人类学之旅。

后　记

　　我原计划于 2020 年 3 月前往马来西亚的热带雨林，对普南人进行田野调查，但由于当时新冠疫情肆虐，考虑到有将病毒带入热带雨林的风险，我还是在临行前最后一刻取消了行程。自那以后直到撰写这篇后记的今天——2022 年 2 月，对普南人的这次田野调查也未能成行。

　　在那之后，新冠疫情在日本持续蔓延。2021 年 11 月，日本的第五波疫情即将结束，在东京都政府宣布解除紧急状态后，我踏上了在日本国内进行田野调查的旅程，尽管只是短期考察。

　　与以往不同的是，这一次我并不是独自下田野，而是与一个研究小组（包括摄影师、漫画家等）一起，以跨行业组队、推动研讨的形式，走访了青森县下北半岛的几处核电站相关设施。由于核电站通常位于自然环境优美的地区，因此这次考察也是一次近距离接触日本猕猴和海鸟等野生动物的旅程。

　　在近两年时间里，我一直无法开展田野调查，而那次"放飞自我"的田野调查真的令我非常振奋。从那以后,我每个月都会进行一次日本国内的田野调查,通常在福井县若狭湾地区以及香川县丰岛地区。在这个过程中,我重新领悟了田野调查的真谛。

田野调查不能局限于课本、书桌、大学或电脑中的知识,而要将自身从这些书本知识的束缚中解放出来,亲自进入田野场景,亲力亲为,亲身体验。这虽然是老生常谈,但其重要性是我到今日才深刻领悟到的。这对于经历了新冠疫情,为避免与人接触而在一段时间里蜗居在家,仅在家附近活动的我们而言,也是为了"在未来时代活下去"而应当从文化人类学中学到的。

因此,2021 年 10~12 月,我多次接受网络采访,并将口述记录整理成本书。借此机会,我要向辰巳出版社的小林智广先生致以诚挚的谢意。小林先生在读过我写的普南人民族志随笔《在与不拘礼节的森林居民共处后人类学家的所思所想》后主动联系我,向我提出撰写人类文化学入门著作的邀请,并亲自负责编辑工作。另外,2021 年以文社的大野真先生曾负责出版 3 本我参与编撰的书,此次他承担了各章节的整理汇编工作,这对我也是莫大的支持与帮助,对此我深表感激。

主要参考文献

梅屋潔、シンジルト共編『新版文化人類学のレッスン　フィールドからの出発』2017 年、学陽書房

内堀基光、奥野克巳編著『文化人類学［改訂新版］』2014 年、放送大学教育振興会

奥野克巳『絡まり合う生命　人間を超えた人類学』2021 年、亜紀書房

奥野克巳、清水高志『今日のアニミズム』2021 年、以文社

奥野克巳、椎野若菜、竹ノ下祐二共編『セックスの人類学』2009 年、春風社

須藤健一、杉島敬志編『性の民族誌』1993 年、人文書院

須藤健一『母系社会の構造　サンゴ礁の島々の民族誌』1989 年、紀伊國屋書店

長谷川真理子『オスとメス＝性の不思議』1993 年、講談社現代新書

松園万亀雄編『性と出会う　人類学者の見る、聞く、語る』
　1996 年、講談社

E・E・エヴァンズ＝プリチャード『アザンデ人の世界　妖
　術・託宣・呪術』向井元子訳、2001 年、みすず書房

ヴィクター・W・ターナー『儀礼の過程』冨倉光雄訳、2020 年、
　ちくま学芸文庫

ギルバート・ハート『同性愛のカルチャー研究』黒柳俊恭・
　塩野美奈訳、2002 年、現代書館

クロード・レヴィ＝ストロース『野生の思考』大橋保夫訳、
　1976 年、みすず書房

クロード・レヴィ＝ストロース『悲しき熱帯Ⅰ・Ⅱ』川田順
　造訳、2001 年、中公クラシックス

クロード・レヴィ＝ストロース『今日のトーテミスム　新装
　版』仲澤紀雄訳、2020 年、みすず書房

ダニエル・L・エヴェレット『ピダハン　「言語本能」を超え
　る文化と世界観』屋代通子訳、2012 年、みすず書房

アナ・チン『マツタケ　不確定な時代を生きる術』赤嶺淳訳、
　2019 年、みすず書房

ティム・インゴルド『人類学とは何か』奥野克巳・宮崎幸子
　訳、2020 年、亜紀書房

ダナ・ハラウェイ『伴侶種宣言　犬と人の「重要な他者性」』
　永野文香訳、2013 年、以文社

ピーター・メトカーフ、リチャード・ハンティントン『死の
儀礼　葬送習俗の人類学的研究』池上良正・池上冨美子訳、
1996 年、未來社

ファン・ヘネップ『通過儀礼』綾部恒雄・綾部裕子訳、2012
年、岩波文庫

ブラニスワフ・マリノフスキ『西太平洋の遠洋航海者』増田
義郎訳、2010 年、講談社学術文庫

フランス・ドゥ・ヴァール『あなたのなかのサル　霊長類学者
が明かす「人間らしさ」の起源』藤井留美訳、2005 年、早
川書房

ヘレン・E・フィッシャー『愛はなぜ終わるのか　結婚・不
倫・離婚の自然史』吉田利子訳、1993 年、草思社

マーヴィン・ハリス『食と文化の謎』板橋作美訳、2001 年、
岩波現代文庫

Laura Bohannan "Shakespeare in the Bush. An American
anthropologist set out to study the Tiv of West Africa and was
taught the true meaning of Hamlet." *Natural Hsitory*, 75, 1966,
pp.28-33.

David Énon 2019. 'Mineral accretion factory : An underwater
production process with a positive impact on the environment'.
In *Proceedings of the 4th Biennial Research Through Design*

Conference 19-22 March 2019 Delft and Rotterdam The Netherlands Article 8 1-14. DOI: https://doi.org/10.6084/m9.figshare.7855775.v1.

译后记

关于文化人类学

德国宗教学家麦克斯·缪勒（Max Muller）曾经说过："如果你只知道一种宗教，那你对宗教一无所知。"人类的文化也可以这样讲。如果一个人一生只生活在一种社会环境中，对异文化完全没有体验和理解，那将是一件可怕且可悲的事情。文化人类学，恰恰是帮助我们走出自身文化的禁锢，打开视野，理解不同社会文化、风俗习惯的一门学科。本书正是一部理解文化人类学的普及读物。

文化人类学最初的动力是对异文化现象的探索，这来自人类的好奇心天性。文化人类学是一门充满活力的、灵动的学科，不同文化现象之间的比较是一个寻找相似与差异的过程。受 19世纪进化论的影响，弗雷泽、泰勒、摩尔根等早期人类学者试图将不同文化按进化阶段分类，即作者在书中提到的与殖民主义有着深刻联系的"文化进化论"。进入 20 世纪，马林诺夫斯基将以田野调查为基础的民族志研究方法确立为文化人类学的基本研究方法，通过"参与式观察"，从内部去理解作为诸多要素的社会文化现象在构成整体社会制度、体系过程中发挥的功能。马林诺夫斯基作为文化人类学功能学派的创始人，他确立的民族志研究方法成为至今为止文化人类学研究的基本范式。我国德高望重的社会学家、人类学家、民族学家费孝通先生也深受其老师马林诺夫斯基的影响。作者在本书第一章中详细介绍了马林诺夫斯基长期开展的田野调查工作。

无论是最初进行对比的研究动机，还是田野调查的研究方法，文化人类学要求研究者必须摆脱自身社会与文化背景的桎梏，以开放的心态去理解异文化中的种种"乱象"。文化人类学的目的是尽可能理解和比较各种民族和社会的生活方式。人类通常不自觉地习得自己所属文化的标准，即自文化的标准。因此，在看待异文化时，人们往往无意识或有意识地仅通过自文化的标准来理解异文化。

文化人类学要做的恰恰是破除这种自文化标准的"我执"，并在此基础上，对自文化进行内省与反思。人们通过观察他人的行为和表达，来明确自己的问题。换言之，通过将他人视为镜子，人们能够审视自己。观察异文化，基本上是发现自文化或自我的过程。然而，对于没有接触过文化人类学，或者不具备异文化生活体验与思考的人来说，可能根本无法体察和理解异文化的合理性，遑论对自文化的内省。

因此，我们需要在逐步理解和修正自文化及其标准的过程中，重新理解异文化。文化比较是一种自文化与异文化之间的往复运动。正如法国哲学家梅洛-庞蒂（Merleau-Ponty）在《知觉现象学》中谈到的，我们的自我认知与对他人的认知是互为前提的，彼此无法分割，并通过这种交互获得对世界的更深刻理解。

关于本书的现实意义

文化人类学是一门开阔视野的学问。随着全球化的不断深入和社会的快速变迁，跨文化交流和理解变得越来越重要。文化人类学往往以鲜活的田野材料冲击我们的认知，本书就介绍了许多关于婚姻、家庭、性、自然、动物等方面不同于我们的文化观念与行为方式。

具体而言，本书作为日本人类学者写的一部关于理解文化人类学的普及读物，对什么是文化人类学、文化人类学的发展历史、核心概念、研究方法包括田野民族志和谱系调查法进行了解读，同时对文化人类学所关注的几个核心现象，譬如馈赠与交换、性与性别、原始宗教、多物种人类学等进行了较为详细的介绍，并结合自己对西太平洋海岛上的调研材料做了呈现。

内容对于呈现文化人类学的基本面向和研究维度有一定的价值。

正如作者所言——文化就像《楚门的世界》中主人公楚门经历的日常一样，通常情况下，我们不会怀疑周遭的一切，直到我们跳出熟悉的世界，离开了出生和成长的熟悉之地，才会重新审视那些曾经认为是理所当然的行为方式和思考方式。不仅如此，这还将成为探索人类文化与社会本质，甚至是思考人类和世界的起点。

因此，本书作为立教大学异文化交流学部的讲义教科书，其立意不单单是普及介绍文化人类学的一些基础知识，而是通过文化人类学的研究让读者看到颠覆性的异文化"乱象"，并引发对自文化的反思，进而深刻理解在以人类为中心的"人类世"出现的各种问题也许只有在多物种共生的视角下才能得到解决，也正是本书原名『これからの時代を生き抜くための文化人類学入門』的含义 ——"为了在未来时代活下去的文化人类学入门"，即文化人类学对当下，以及今后人类生存的指导意义。书中几乎每一章都有对日本社会、文化的反思，如第一章由普南人没有姓氏到对日本"夫妇同姓或别姓"的思考；第二章由桑比亚人、瓦里人、普南人以及武吉斯人等多种多样的性文化到对日本主流社会 LGBTQ 态度的反思；第三章由普南人的慷慨赠予精神和无政府主义到对日本儿童的占有欲教育、竞争与选拔等社会理念、循环型社会构建等问题的反思；第四章由世界各地的巫术与宗教活动来说明非理性疗法对治疗当代日本社会心理疾病有重要意义。不得不说，本书既是人类学的入门读物，也是对当下日本社会乃至对全球社会问题充满关切的书。

关于作者

本书作者日本文化人类学家奥野克巳，"从小就是一个梦想远走他乡，看遍天下奇观异景，与素不相识的人们相遇、交流、共处的人"。热爱通过旅行感受异文化是他走上文化人类学研究道路的根本原因。在本书第六章中，作者特别叙述了自己的旅行经历和走上文化人类学研究的历程，将其形容为"文化人类学是一段解放自我于野外的'旅行'"。

进入大学后，"追逐冒险""逃离日本"的念头一直在作者心中涌动。在人生第一次远行前往墨西哥回国之后，作者又感受到逆文化冲击，于是在第二年便开启了东南亚、孟加拉国、印度之旅，并在孟加拉国经历了出家为僧的生活。回国后不久，作者又开启了赴土耳其库尔德人聚居区的西亚之旅。大学毕业后没多久，作者辞去工作，去往印度尼西亚各地"流浪"一年，之后回到日本萌生了攻读文化人类学专业学位的想法。1994~1995年，他在印度尼西亚西加里曼丹省开展了为期2年的田野调查。1998年，他凭借论文《灾难的解释与灾难的应对——加里曼丹岛加里斯社会中的精灵、毒药、邪术》，获得了一桥大学的社会学博士学位。1999年他成为樱美林大学国际学部的专任讲师，2015年转任立教大学异文化交流学部教授。2006年开始他定期前往加里曼丹岛，对普南人进行田野调查。

通过作者自己的叙述，读者可能会像译者一样产生"逃离日本"的念头是从何而来的疑问。当然，除了作者本人高中时对人生问题的思考，以及与重要他者M相遇并受其影响等因素之外，恐怕不能忽视作者所处的历史时代特征。

作者出生于1962年。经济人类学家栗本慎一郎将20世纪60年代前期出生的日本人称为"新人类"，这一代人不同于之前20世纪40年代末出生的"团块世代"强调集体主义精神，相信努力就会有回报，也不同于之后1965~1970年出生的"泡沫世代"爱公司如家，消费积极。他们具有强烈的个人主义倾向，热衷沉迷在自我的世界中，远离政治和社会，因此也被称为"冷漠世代"。但是这种表面对政治与社会制度的冷漠，却往往转化为另一种形式的变革冲动，即一种个人主义的逃离与反抗。无论是同样1962年出生的社会学家小熊英二对音乐的热忱，还是本书作者奥野克巳"逃离日本"的内心情结，背后都隐藏着对日本社会的不满。《改变社会》《平成史》《活着回来的男人》《"民主"与"爱国"》《隐性社会规则》等书集中了小熊英二对日本社会的深入反思，他迫切呼吁改革。本书则是从文化人类学的角度对日本社会文化进行重新审视与批判。

翻译缘起

2023 年 8 月下旬，在东京大学访学的我非常荣幸地接到这本书的翻译邀约，起初内心有些犹豫要不要接下，因为当时我刚刚完成了上海译文出版社《日本与德国 两种战后思想》（『日本とドイツ 二つの戦後思想』）一书的翻译，而且此前不久，社会科学文献出版社也刚刚出版了我翻译的日本社会学家小熊英二的《隐性社会规则：终身雇佣制塑造的日本》（『日本社会のしくみ 雇用 · 教育 · 福祉の歴史社会学』）。

但是，简单翻阅之后，我便被书中丰富的内容和独特的视角深深吸引了。首先，我个人的学术背景和研究方向与本书的主题有一定的契合；其次，国内关于文化人类学的书籍相对较少，尤其是能够深入浅出、系统介绍这一学科的入门书籍更是凤毛麟角；再次，本书结合当今社会的热点问题，提出了许多具有现实意义的见解和建议，相信这本书能够帮助读者开阔视野、提升跨文化交流能力，并在面对未来的挑战时提供新的思路和方法。因此，我欣然接下了这本书的翻译任务。在翻译过程中，我遇到了许多挑战，包括如何准确传达原书的思想、如何处理复杂的专业术语等。为了克服这些困难，我参考了大量文化人类学的文献和资料，并多次与相关领域的学者进行讨论和交流，不断完善译文，力求做到准确、严谨。

我要感谢所有在翻译过程中给予我支持和帮助的朋友和同

事。特别感谢我的夫人，她在我忙于工作时给予了无私的理解和支持。同时，也感谢原书的作者，他的智慧和洞见为我提供了无尽的灵感和启发。希望这本书的中文译本能够帮助读者更好地理解文化人类学，激发更多人对文化人类学的兴趣和热情，并帮助他们在未来的社会中更好地理解和应对各种文化现象和挑战。

此外，需要补充说明的一点是，关于书中出现的一些围绕性的描述是基于文化人类学考察的科学性和客观性。我们应当尊重不同文化的差异性，而不应当像早期文化人类学那样进行进化论式的文化定位，或是进行道德评价。对异文化的包容和对自文化的反思也许正是解决后工业社会中的种种症结，以及面对未来多物种共存社会的基本态度。

最后，感谢社会科学文献出版社杨轩女士和胡圣楠女士的精心编辑。

暴凤明

2024 年 7 月

北京碧水云天

图书在版编目（CIP）数据

为什么要读人类学 /（日）奥野克巳著；暴凤明译 .
北京：社会科学文献出版社，2024. 10. -- ISBN 978-7
-5228-4225-7

Ⅰ . C912.4

中国国家版本馆 CIP 数据核字第 2024HY7179 号

为什么要读人类学

著　　者 /〔日〕奥野克巳
译　　者 / 暴凤明

出 版 人 / 冀祥德
组稿编辑 / 杨　轩
责任编辑 / 胡圣楠
文稿编辑 / 谭紫倩
责任印制 / 王京美

出　　版 / 社会科学文献出版社 （010）59367069
　　　　　地址：北京市北三环中路甲29号院华龙大厦　邮编：100029
　　　　　网址：www.ssap.com.cn
发　　行 / 社会科学文献出版社 （010）59367028
印　　装 / 三河市东方印刷有限公司

规　　格 / 开本：889mm×1194mm　1/32
　　　　　印张：7.375　字数：143千字
版　　次 / 2024年10月第1版　2024年10月第1次印刷
书　　号 / ISBN 978-7-5228-4225-7
著作权合同
登 记 号 / 图字01-2024-0674号
定　　价 / 69.00元

读者服务电话：4008918866